Eine Bildreise

Toma Babovic / G. Ulrich Großmann / Ellert & Richter Verlag

Die Weser und die Weserrenaissance

Inhalt

Ein rätselhafter Begriff: die Weserrenaissance — 6

Die Anfänge: der Baumeister Jörg Unkair — 24

Die Ausbreitung der Renaissance: die Nachfolge des Jörg Unkair — 32

Lemgo und das Residenzschloß Brake — 42

Höfische und bürgerliche Kultur: von Barntrup bis zur Hämelschenburg — 54

Internationale Kunst im Weserraum: von Bückeburg bis Bremen — 74

Zeittafel: die wichtigsten Bauten der Renaissance im Weserraum — 94

Verzeichnis der zu besichtigenden Häuser und Schlösser der Weserrenaissance — 95

Autoren/Bildnachweis/Literatur/Impressum — 96

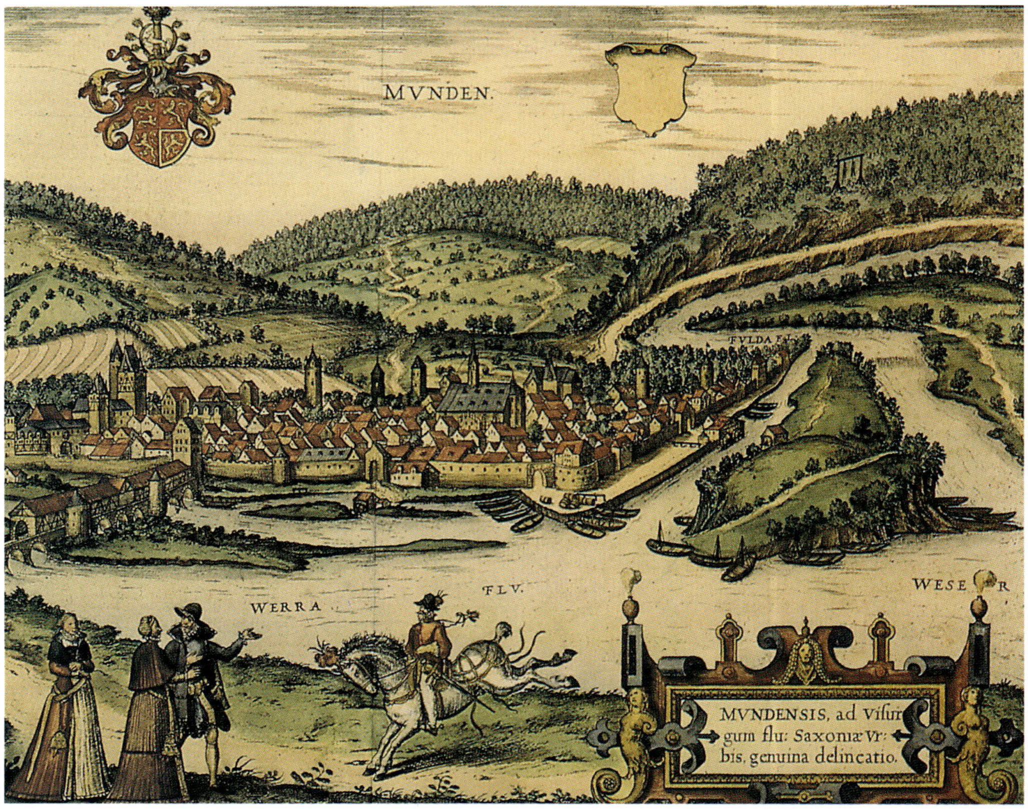

Der berühmte Kupferstich von Franz Hogenberg und Georg Braun aus dem Jahr 1584 zeigt nicht nur den Zusammenfluß von Werra und Fulda zur Weser, sondern auch die einfachen Hafenanlagen der Drei-Flüsse-Stadt mit den Lastkähnen, den sogenannten Weserböcken.

Existiert sie oder existiert sie nicht? Eine Straße, Radwege und ein Museum der Weserrenaissance stehen dafür, daß es sie geben muß. Doch schlägt man die Publikationen des Museums auf, so stößt man allenthalben auf Anführungszeichen, wenn von „Weserrenaissance" die Rede ist. Wie kann es auch sein, daß ein Fluß eine „Wiedergeburt" erlebt? Aber so eng darf man das Wort Weserrenaissance wohl doch nicht nehmen. Es wäre sicherlich falsch, wenn der 1912 erfundene Begriff heutigen Zeitgenossen graue Haare wachsen läßt, weil sie über Inhalte nachdenken, die den Wortschöpfern gar nicht bewußt waren. Die Bezeichnung wurde zu Beginn des 20. Jahrhunderts von Richard Klapheck in seinem Buch „Alt-Westfalen" eingeführt.

Die Kunstgeschichte zu Beginn des 20. Jahrhunderts stellte fest, daß die Bauten des 16. und frühen 17. Jahrhunderts in der Region zwischen Bremen und Kassel, Paderborn (oder Osnabrück) und Einbeck (oder gar Wolfsburg) einen außerordentlichen Reichtum an ähnlichen Dekorationen aufweisen. Damit unterscheiden sich die Fassadengestaltungen von der damaligen Baukunst in benachbarten und entfernteren Regionen. Da man nun die Architektur dieser Epoche und darüber hinaus die bildende Kunst als „Renaissance" zu benennen gewohnt war, sah man keinen Grund, die Kunst im Norden Deutschlands nicht ebenfalls als Renaissance zu bezeichnen und ihre charakteristische Ausprägung in einem breiten Streifen beiderseits des Flusses mit dem Zusatz „Weser" zu kennzeichnen.

Unsere Vorstellungen von einem ordentlichen Fluß sind davon geprägt, daß er eine Quelle und eine Mündung hat und unterwegs den einen oder anderen kleineren Fluß oder Bach aufnimmt. Die Weser gilt dagegen als ein Fluß ohne Quelle: „Wo Werra sich und Fulda küssen, sie ihren Namen büßen müssen", so lautet der Sinnspruch, mit dem Schülern die Stadt Hannoversch Münden nähergebracht wird, jener Ort, an dem Werra und Fulda zusammenfließen und fortan unter dem Namen Weser den Weg in Richtung Nordsee antreten. Ob nun drei verschiedene Flüsse Hannoversch Münden berühren oder nur zwei, für die einst so bedeutende Flußschiffahrt war diese Frage unerheblich. Hannoversch Münden war Warenumschlagplatz der Binnenschiffahrt für die aus Richtung Eschwege und Kassel antransportierten und nach Bremen weiterzubefördernden Waren.

Geographisch wird der Weserraum in drei Regionen getrennt, Oberweser, Mittelweser und Unterweser. Oberweser ist das mittelgebirgige Gebiet zwischen Hannoversch Münden und Porta Westfalica, in dem die Weser vorbei am Solling durch das nach der Weser benannte Bergland und schließlich durch das Wiehengebirge mit der Porta Westfalica fließt, wobei sich der Fluß in weiten Windungen über Jahrmillionen den besten Weg gesucht hat. An der Porta Westfalica fließt die Weser in die niederdeutsche Tiefebene, bis Bremen haben wir es mit der Mittelweser zu tun und von dort bis zur Küste mit der immer breiter werdenden Unterweser. Der Umschlagplatz für die Überseeschiffahrt war Bremen.

Während die Gegend bereits beschrieben wurde, verdient die zeitliche Einordnung der Weserrenaissance noch einen Hinweis: Sie wird begrenzt durch zwei bedeutende historische Umbruchphasen, nämlich die Reformation und den Dreißigjährigen Krieg (1618–1648). Die Reformation begann mit dem Thesenanschlag Martin Luthers an die Türen der Schloßkirche von Wittenberg im Jahre 1517. Rasch sprachen sich diese Ereignisse im gesamten „Römischen Reich deutscher Nation" herum. Ihre Verbreitung wurde durch das neue Medium der Drucktechnik gefördert, die die Herstellung erster „Zeitungen" ermöglichte, zumeist Flugblätter, bestehend aus nur einer Seite, die die Informationen in einer für damalige Verhältnisse – ohne Fernsehen und Satelliten – abenteuerlich schnellen Zeit verbreiteten. Auf dem Wormser Reichstag 1520 konnte Luther seine Thesen vortragen, bald schon schlossen sich unter diesem Eindruck mehrere große Grafschaften und Herzogtümer der Reformation an. Klöster wurden aufgelöst und zugunsten neuer Krankenhäuser oder Universitäten enteignet; Mönche und Nonnen verloren ebenso wie kirchliche

Baumeister und Steinmetze ihre Lebensgrundlagen und mußten sich mühsam neue Wege des Unterhalts erkämpfen. Bald sollten sich evangelische und katholische Fürsten in blutigen Kriegen auseinandersetzen, allerdings weniger aus religiösen Gründen als um der Bewahrung und Ausdehnung ihrer Macht willen. Im 16. Jahrhundert war Deutschland keineswegs ein friedliches Land, sondern man verzeichnete immer wieder Kriege, Kämpfe und Konflikte. Dennoch gab es Regionen mit einer blühenden wirtschaftlichen Entwicklung, und zu diesen zählte insbesondere der Weserraum. Dabei stand dieses Gebiet besonders im Interessenfeld der konkurrierenden Glaubensrichtungen. Mehrere Bischöfe waren hier zugleich Landesherren und daher von der Reformation im doppelten Sinne betroffen. So reichten die Fürstbistümer Münster, Paderborn, Minden, Verden, Hildesheim und die Reichsabtei Corvey in den Weserraum hinein. Es wird daher kaum verwundern, daß die frühesten Bauten der Renaissance im Weserraum keineswegs Schlösser protestantischer Bauherren gewesen sind, sondern im katholischen Bereich entstanden. Gegen Ende des 16. Jahrhunderts konnte es sogar dazu kommen, daß ein Bischof – wie in Bremen – vom katholischen zum protestantischen Glauben wechselte.

Die politische Karte des Weserraums im späten 16. Jahrhundert ist insgesamt sehr bunt. Neben den sieben Bistümern und der Reichsabtei Corvey hatten noch die Reichsstadt Bremen, die Grafschaft Oldenburg, die Grafschaft Hoya, das Fürstentum Braunschweig-Lüneburg, das Fürstentum Braunschweig-Calenberg-Göttingen, das Fürstentum Braunschweig-Wolfenbüttel (alle drei waren welfische Fürstentümer) sowie die Grafschaften Schaumburg, Lippe, Spiegelberg, Pyrmont, Ravensberg und Rietberg, die Herrschaft Rheda und nicht zu vergessen die Landgrafschaft Hessen-Kassel Anteil am Weserraum. Daß eine politisch so vielfältige Landschaft dennoch einen so einheitlich wirkenden Baustil aufweist, mag erstaunen. Doch scheinen die wirtschaftlichen Zusammenhänge die politischen Dissonanzen bei weitem überlagert zu haben. Gemeinsamkeit aller dieser Herrschaften, Grafschaften und Fürstentümer, die Lebensader des Landes sozusagen, ist die Weser. In einer Zeit ohne Eisenbahn und Autobahn konnten auf ihr Waren über weite Strecken transportiert werden. Nahrungsmittel aller Art, Haushaltswaren, insbesondere Produkte aus Keramik und Glas, aber auch Baumaterial, nämlich Steine aus den Sandsteinbrüchen bei Obernkirchen und gelegentlich sicher auch Floßholz nahmen den Weg stromabwärts. Vor allem Produktion und Vertrieb von Lebensmitteln bildeten eine wirtschaftliche Grundlage des Weserraums, denn während die Region zwischen Bremen und Kassel von kriegerischen Ereignissen weitgehend verschont blieb, litten Frankreich, die Niederlande und Dänemark unter fortwährenden Konflikten und Feindseligkeiten, die eine kontinuierliche Produktion von Getreide und Fleisch verhinderten und den Import erforderlich machten.

Das 16. Jahrhundert war eine Zeit wirtschaftlichen Wandels. Das Recht zur Ausbeutung der Bodenschätze lag bei den Fürsten. Die Einkünfte aus dem Bergbau (besonders aus dem Abbau von Silber) erleichterten die Geldwirtschaft und damit auch das Ansparen von Kapital, während sich die wichtigsten Waren, nämlich Lebensmittel, nicht sehr lange aufheben ließen. Dadurch wurde der hohe Adel im 16. Jahrhundert zunehmend in die Lage versetzt, Söldnertruppen und Heere zu finanzieren. Dies war eine entscheidende Voraussetzung für den Dreißigjährigen Krieg, in dem die Städte, die im 16. Jahrhundert noch eine Blütezeit erlebten, politisch in der Regel schon keine große Bedeutung mehr hatten. Der Absolutismus, die absolute Macht des Landesherrn über die Bevölkerung, war konsequenterweise die Regierungsform nach dem Dreißigjährigen Krieg. In dieser Zeit waren die Städte und speziell die Bürgerschaft dem Adel unterworfen.

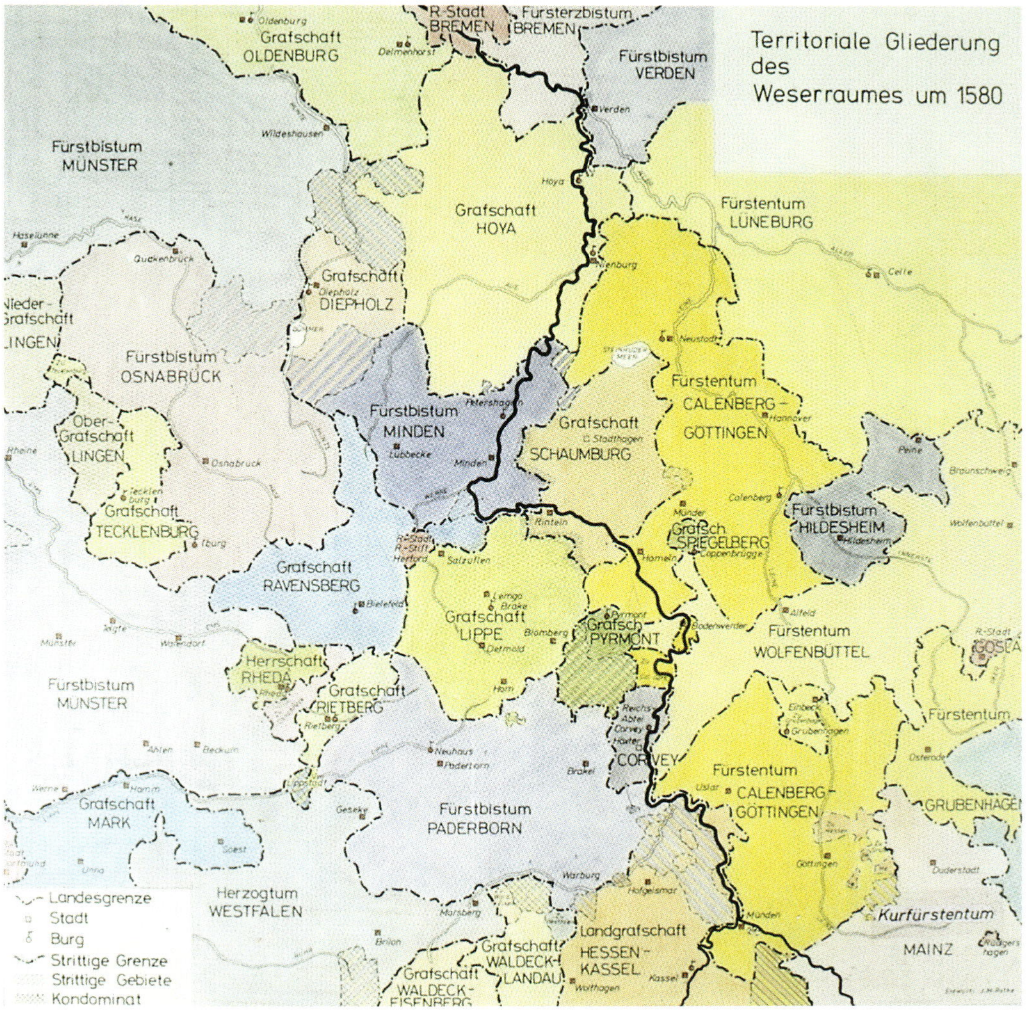

Wie ein bunter Flickenteppich wirkt die historische Karte des Weserraums, von Wissenschaftlern mühevoll für die Jahre um 1580 rekonstruiert. Allein 13 Grafschaften und Fürstentümer berührten den Fluß unmittelbar, weitere lagen in geringer Entfernung.

Es ist schwer zu entscheiden, ob bei Hannoversch Münden die Werra in die Fulda oder die Fulda in die Werra fließt. So dürfte es in Vergessenheit geraten sein, daß Weser und Werra sprachgeschichtlich ein und dasselbe Wort sind und noch im Mittelalter ganz klar war, daß die Fulda in die „Wesehera" mündete. So hat die Weser eine Länge von 451 Kilometern, mit der Werra zusammen ergeben sich 720 Kilometer.

Um 1525 begonnen, ist Schloß Neuhaus nahe Paderborn das erste Bauwerk im Weserraum mit Renaissanceformen, namentlich mit Halbkreisgiebeln, die es vorher nur in Halle/Saale gab. Den grandiosen Gesamteindruck bewirkte allerdings erst die Vollendung des Schlosses als Vierflügelanlage mit vier runden Ecktürmen, die 1591 im Auftrag des Fürstbischofs Dietrich von Fürstenberg erfolgte. Brücke und Gartentor erneuerte man im 18. Jahrhundert.

Vom braunschweigischen Schloß Fürstenberg aus hat man die Weserschleife bei Höxter im Blick. Höhenburgen wie diese dienten früher als Standort zur Kontrolle der Landschaft. Jeder Handelsreisende und jeder Söldner ließ sich von dort aus gut beobachten, so daß man schon im 14. Jahrhundert einen ersten Wohnturm errichtete und diesen später zum Schloß ausbaute.

Alle Herrscher der Region sicherten ihren Machtbereich im Wesertal durch Burgen und feste Ansitze. Dabei sollte oft nicht nur der Verkehr auf der Weser kontrolliert werden, da die Zölle eine der wichtigsten Einnahmequellen vergangener Jahrhunderte gewesen sind, sondern auch der Weg über die Weser. Von der Burg aus ließ sich diese gut beobachten, wie in Polle benutzte man oft eine Fähre zur Flußüberquerung. Heute werden auch Autos transportiert, das Fährhaus aber stammt noch aus der Postkutschenzeit.

Fast vierhundert Jahre hatte das Apothekenprivileg Bestand, demzufolge ein kleiner Anbau am Lemgoer Rathaus für eine minimale Miete an eine Apotheke verpachtet wurde. Der überreiche Giebel mit dem lippischen Landeswappen, der Rose, aus dem Jahre 1612, nimmt mit seinen Inschriften und weiteren Reliefs von Ärzten und Naturforschern Bezug auf die Heilung von Kranken.

DAR NACH LAS DEN ARTZ ZV DIR DEN DER HOCHST HAT IN GESCHAF

Das sogenannte Stiftsherrenhaus von 1556 bis 1558 (links) und das Leistsche Haus von 1585 bis 1589 (rechts) in der Osterstraße zeigen die gegensätzliche Bauweise wohlhabender Geschäftsleute und Patrizier. Heute sind die Gebäude als Museum der Stadt Hameln vereint. Handelt es sich bei dem linken Bauwerk um ein schmuckes Fachwerkhaus mit sogenannten Beischlägen (Sitzen) vor dem Portal, sehen wir rechts einen reichen Bruchsteinbau mit schlanker Auslucht und einer Bemalung, die an Backsteine erinnern soll. Hameln war zwischen Hannoversch Münden und Minden wichtigster Umschlagplatz für den Warentransport auf der Weser.

MVSEVM
OBERHEMDEN

Ein schlichtes Herrenhaus des späten 18. Jahrhunderts taucht bei Veltheim aus dem Morgennebel auf. Hier, nahe der Porta Westfalica, zieht die Weser in einem breiten Tal ihre ruhige Bahn. Der kleine Erker am Herrenhaus ist übrigens weniger zur Zierde da als aus praktischen Gründen: Er enthält einen Abort aus der barocken Bauzeit des Hauses. Die Weser erreicht im Mindener Raum eine Breite von nahezu 180 Metern, so daß man in vergangener Zeit kaum Brücken über den Fluß baute.

Die hohe, 1405 bis 1408 entstandene obere Halle des Bremer Rathauses erhielt bei dem großartigen Umbau zwischen 1608 und 1612 den hölzernen Einbau der Güldenkammer, mit einem reich geschnitzten Treppenaufgang in das obere Stockwerk. Das barocke Schiffsmodell unter der Decke zeugt von der Bedeutung Bremens als Handelsplatz, denn alle Waren, die über die Weser transportiert wurden, mußten in Bremen umgeschlagen werden. Von dort transportierte man die Waren über die breite Unterweser und die Nordsee ins Ausland. Seit 1894 können auch große Übersee-Frachtschiffe den Bremer Hafen erreichen.

Wie kam es zur Weserrenaissance? Zu Beginn des 16. Jahrhunderts war die Gotik immer noch der vorherrschende Stil nördlich der Alpen. Die kommende Krise des kirchlichen Bauwesens zeichnete sich aber bereits ab. Neue Bauten wurden kaum mehr begonnen, ältere nur noch schleppend fortgesetzt. Besondere Sorgfalt verwandte man aber weiterhin auf Steinmetz-Details, etwa Fenster- und Portalgewände. Hier fanden Stabwerk-Gewände häufige Verwendung, die für die späte Gotik und das 16. Jahrhundert besonders charakteristisch sein sollten. Das Stabwerk wurde so typisch in dieser Zeit, daß man es nicht nur in der Architektur anwendete. Auch Albrecht Dürer (1471–1528) stellte beispielsweise in seinen Holzschnitten Stabwerkportale dar. Doch während in der Architektur um 1520 ausschließlich solche dem Mittelalter entlehnte Elemente vorkamen, bediente sich die Druckgraphik zur gleichen Zeit bereits sehr moderner Ornamente. Überhaupt erkämpfte sich der Buchdruck zu Beginn des 16. Jahrhunderts eine führende Rolle durch die schnelle und weite Verbreitung gedruckter Blätter und sorgte für die größere Popularität moderner Darstellungen und ihrer Autoren. Dies ist sicher auch ein Grund für die Bekanntheit Albrecht Dürers unter seinen Zeitgenossen. Zu den neuen Elementen gehörten Säule und Gebälk, die antiken Formen des Tragens und Lastens. Die Säule wurde einmal rund und ein anderes Mal flach, als „Pilaster", dargestellt, und man verzierte die flachen Stützen oft mit Kandelabern, gestaltete sie also wie hohe Standleuchter. Ein anderes Element war der runde Bogen, der den Giebel vieler auf den Holzschnitten dargestellter Gebäude bildet.

Mit seinem Bild von der Verlobung Mariens schuf Albrecht Dürer 1504 zugleich ein beliebtes Vorbild für die Gestaltung von Portalen, das im Weserraum gelegentlich nachgeahmt worden ist. Typisch für den Übergang von Spätgotik zur Renaissance ist das sich überkreuzende Stabwerk aus Rundbogen und Rechteck.

Die Renaissance begann im Weserraum mit einem Paukenschlag. Ein bis dahin völlig unbekannter Baumeister, der aus dem Schwäbischen stammende Jörg Unkair (um 1495–1553), errichtete in den Jahren um 1525 das Schloß Neuhaus der Bischöfe von Paderborn. Eine kleinere Burganlage, die wohl seit 1370 bestand, fand Jörg Unkair bereits vor und bezog sie in den neuen Schloßbau ein. Von diesem Gebäude ausgehend plante er ein vierflügeliges Schloß mit länglichem rechtwinkligem Innenhof, der in den Winkeln mit Treppentürmen besetzt werden sollte. Eine solche regelmäßige Schloßplanung verfolgt ein ausgesprochen modernes Konzept. Die Treppentürme in den Hofwinkeln kannte man insbesondere in Frankreich. In den Detailformen mischen sich bei Unkair noch in typischer Weise Spätgotik und Renaissance. Die Portale des Treppenturms sind Steinmetzarbeiten in gotischer Tradition, sie zeigen reiche Stabwerkrahmung auf der einen Seite und Astwerk auf der anderen. Man darf sicher davon ausgehen, daß solche Dekorationen, also Pflanzenschmuck um Portale, zur typischen Festarchitektur der Renaissance gehörten und so zum Vorbild des Steinmetzen wurden.
Ein für die Renaissance besonders typisches Element des Schlosses sind die Giebel mit ihren Halbkreisabschlüssen. Sie tauchen in der Architektur im Norden oder Westen Deutschlands erstmals in Schloß Neuhaus auf. Es gibt ein einziges erhaltenes deutsches Vorbild in Sachsen-Anhalt, nämlich am kurz zuvor entstandenen „Dom" zu Halle. Denkbar ist, daß Jörg Unkair, der um 1517 den schwäbischen Raum verlassen haben muß und dessen Wirken erst in Schloß Neuhaus um 1525 wieder sicher nachzuweisen ist, die Zwischenzeit im mitteldeutschen Raum – in Halle und Mansfeld – zugebracht hat. Weitere Vorbilder für Halbkreisgiebel lassen sich innerhalb Deutschlands nicht finden. Hierzu müßte man nach Oberitalien oder an die dalmatinische Küste reisen, wo unter dem Einfluß venezianischer Bauten seit Mitte des 15. Jahrhunderts vergleichbare Halbkreisgiebel Mode geworden waren. Unter Bischof Erich von Braunschweig (reg. 1508–1532) als Bauherrn und Jörg Unkair wurde nur der Eingangsflügel des Schlosses Neuhaus mit den beiden hofseitigen Treppentürmen vollendet. In den folgenden Jahrzehnten entstanden nach dem gleichen Plan die seitlichen Flügel, und erst 1590/91 gelang unter dem baufreudigen Bischof Dietrich von Fürstenberg (reg. 1585–1618) die Vollendung des Schlosses mit Errichtung des Gartenflügels, zweier weiterer Treppentürme und reicher, für die späte Renaissance typischer Giebel. Bei dieser Gelegenheit fügte man auch die vier bollwerkartigen Rundtürme an den äußeren Ecken hinzu, die den Gesamteindruck dieses Schlosses nachhaltig beeinflussen.
Noch an vier weiteren Bauten läßt sich das Wirken Jörg Unkairs nachweisen. 1530 bis 1532 arbeitete er an der Schelenburg in Schledehausen, nahe Osnabrück. In diesem Fall fand Jörg Unkair einen hohen mittelalterlichen Wohnturm und, mit etwas Abstand daneben gestellt, einen niedrigen und zudem schmalen zweigeschossigen Saalbau vor. Unkair griff bei dieser schwierigen Konstellation zu einem architektonischen Mittel, das auch bis in die Moderne hinein nur die besten Architekten zu verwenden gewagt haben: Die Nahtstelle zwischen den beiden bestehenden Gebäuden versuchte er nicht zu überspielen, sondern betonte sie durch einen hohen, in den Wassergraben vorgescho-

benen schmalen Bauteil, dessen Giebel mit Halbkreisabschluß er in Form eines Zwerchgiebels auf der anschließenden Dachfläche noch einmal wiederholte. Das kleine bestehende Saalgebäude wurde zudem in den Schloßhof hinein vergrößert, so daß sich Unkairs Bau in der Grundrißform eines „L“ um diesen niedrigen Saalbau legt und damit den Anschluß an den mittelalterlichen Wohnturm schafft.
In bezug auf das Volumen handelt es sich bei der Schelenburg wohl um eine der kleinsten Baumaßnahmen der Weserrenaissance überhaupt, von der planerischen Konzeption ausgehend jedoch um eine der raffiniertesten Ideen, die wir im 16. Jahrhundert nachweisen können. Der durch die Auslucht, einen erkerartigen Vorbau auf festem Sockel, so markant betonte Zwickel zwischen den beiden mittelalterlichen Teilen enthält auch im Inneren ein bemerkenswertes Detail: Hier findet sich eine Wendeltreppe, die der Erschließung des Daches dient. Zur Treppe gelangt man jedoch nicht direkt vom Erdgeschoß aus, sondern man muß erst eine Stiege bis zum Obergeschoß erklimmen, wo sich das Portal befindet. Fast möchte man daher die Treppe in dieser Form für überflüssig halten, denn das Dachgeschoß der Schelenburg wurde zu den Zeiten von Jörg Unkair wahrscheinlich kaum in Anspruch genommen. Erst im späteren 16. Jahrhundert malte man die geräumige Dachkammer aus und nutzte sie offenbar zu Wohnzwecken. Und so zeigt sich die Wendeltreppe im Gebäudeinneren – üblicherweise standen Wendeltreppen außen – als eine architektonische Spielerei. Noch dazu wird sie durch ein ungewöhnlich großes Fenster in der Hoffassade beleuchtet. Wichtig ist die Schelenburg unter anderem deswegen, weil hier neben dem Meisterzeichen

Jörg Unkairs auch sein Monogramm auftaucht, wodurch der Baumeister erst für die Forschung identifizierbar wurde. Zudem handelt es sich um die ältesten erhaltenen Halbkreisgiebel, denn die etwas früher entstandenen von Schloß Neuhaus wurden im 19. Jahrhundert entfernt und sind nur durch alte Abbildungen überliefert.
Ein ausgesprochen großes Bauprojekt ist Schloß Stadthagen. In der Zeit von 1534 bis 1538 ließ Graf Adolf XI. (reg. 1533–1544) von Schaumburg und Holstein sein Stammschloß ausbauen. Als Verwalter des Stiftes Paderborn und späterer Erzbischof von Köln gehört auch er in die Reihe der katholischen Bauherren, die die Renaissance im Weserraum einführten. Er beauftragte den Baumeister Jörg Unkair, der ihm aus Schloß Neuhaus sicher wohlvertraut war und dessen Initialen und Meisterzeichen sich mehrfach am Gebäude befinden. Diesmal sind es insgesamt drei Flügel, die unter Jörg Unkair verwirklicht wurden, wobei er lediglich den spätmittelalterlichen Torbau zu berücksichtigen hatte. Als vierter Flügel wurde der nördliche 1593 hinzugefügt, jedoch in starker Anlehnung an die Bauformen Jörg Unkairs, so daß der Eindruck einer nahezu geschlossenen vierflügeligen Anlage entstand.
Die dichte Reihung von Zwerchgiebeln mit Halbkreisabschlüssen und Kugelbesatz ist kennzeichnend sowohl für den Stil Jörg Unkairs als auch allgemein für die frühe Renaissance. Kleine Halbkreisaufsätze schließen die Treppengiebel der Hauptflügel ab und leiten damit vom Mittelalter zur Renaissance über. Am Torbau erweisen sich die Giebelstufen mit ihren Halbkreisaufsätzen als nachträglich hinzugefügt, denn das Torgebäude als solches ist ja mittelalterlichen Ursprungs. Die Portale mit ihrem Stabwerk sind in Stadthagen besonders reich gestaltet, ebenso die Treppenspindeln. Den noch gotisierenden Steinmetzarbeiten steht die gußeiserne Wappentafel Philipp Soldans (um 1500–1569) gegenüber, 1541 für das Portal über dem Treppenturm gegossen. Ihre Ornamentik zeigt klare Elemente der Renaissance und ist auf druckgraphische Vorlageblätter zurückzuführen. Die aus Kugeltöpfen herauswachsenden Äste, über dem Portal mit einem Strick zusammengebunden, sind ein bei Jörg Unkair immer wiederkehrendes Motiv. Die Rahmung eines Portals mit Kandelabern, ein für die frühe Renaissance besonders typisches, aber in der Steinmetzkunst seltenes Ornament, findet sich ebenfalls im Schloß Stadthagen. Besonders originell ist das Fenster zur Küche, dessen Gewände mit Kochtöpfen (Kugeltöpfe, die man in das offene Feuer stellte) und gekreuzten Löffeln dekoriert ist.
In den Details ganz ähnlich ist das unvollendet gebliebene, um 1544 erweiterte Schloß Petershagen an der Weser, dessen Treppenturm mit seinem Stabwerk-Portal, seinen Fenstern und der Betonung der Kanten typisch für das Werk Jörg Unkairs ist, ebenso wie die Küche mit den Kandelabersäulen des Küchenkamins. Schloß Petershagen ist historisch von besonderem Interesse, denn der Umbau dieses Bauwerks für den Mindener Bischof Franz von Waldeck ist durch die erhaltenen Rechnungen sehr genau dokumentiert. So kann man nicht nur Kontakte Jörg Unkairs zu Schloß Mansfeld in Sachsen-Anhalt, sondern auch die Beteiligung der Mitarbeiter vom Steinmetz bis zum Handlanger gut nachvollziehen.

Der schwäbische Baumeister Jörg Unkair schuf um 1525 noch in spätgotischer Tradition ein Portal am Schloß Neuhaus, das zwei aus Blumentöpfen (eigentlich mittelalterliche Kochtöpfe in Kugelform) herauswachsende Sträucher zeigt, die zum Spalier zusammengebunden sind.

CVS TODIVNT·REGEM·ET
THRONVS EIVS

Bei der Vollendung von Schloß Neuhaus nahe Paderborn in den Jahren um 1590/91 ließ Fürstbischof Dietrich von Fürstenberg Treppentürme und Hofportale in den besonders reichen Formen der späten Renaissance errichten, die sich von den zurückhaltenden Bauteilen des älteren Bauabschnitts (um 1525) deutlich unterscheiden, obwohl man das bauliche Grundkonzept dieser Jahre beibehalten hatte. Seit der Landesgartenschau 1994 laden im Schloßbereich drei Museen zu einem Besuch ein.

Zunächst bestand Schloß Schelenburg nur aus einem eindrucksvollen mittelalterlichen Wohnturm mit kleinen schmalen Fensterchen. Nach einem ersten Ausbau 1495 (Dachtürmchen) baute Jörg Unkair die Anlage um (1530 bis 1532) und versah sie mit dem in den Wassergraben gestellten Risalit, rechts im Bild, und den ältesten vollständig erhaltenen Halbkreisgiebeln der Weserrenaissance. Auch wenn später der Putz verlorenging und einige Fenstergewände vereinfacht wurden, ist hier, nahe Osnabrück, die Baukunst der frühen Renaissance noch deutlich abzulesen.

Ein mächtiges Bollwerk der Fürstbischöfe von Minden ist Schloß Petershagen, zwischen 1544 und 1547 mit meterdicken Mauern in die Weser gebaut und erst in jüngerer Zeit durch einen Wiesenstreifen von ihr abgegrenzt. Kriegerische Auseinandersetzungen zwischen Protestanten und Katholiken beendeten allerdings 1547 die Bauarbeiten am Schloß, so daß wir hier die aufwendigen und für die Renaissance typischen Giebel vermissen. Auch der Mindener Bischof als Landesherr sicherte sich die Möglichkeit die Weserschiffahrt zu kontrollieren.

Inzwischen waren auch andere Baumeister auf die Renaissance aufmerksam geworden, und es entstanden mehrere frühe Gebäude ohne Beteiligung des schwäbischen Baumeisters Unkair. 1540 errichtete man sowohl den Bau des von Spiegelschen Hofes in Bielefeld, der mit seinem breiten markanten Halbkreisgiebel immer dem Umkreis Jörg Unkairs zugeschrieben worden ist, als auch das Schloß Tatenhausen im Kreis Gütersloh. Dies befand sich im Besitz der Herren von Korff-Schmising, die wahrscheinlich in den Türkenkriegen zu Wohlstand gelangt waren, denn eine Wappentafel über dem Portal zeigt türkische Kopfbedeckungen als Trophäen. Die dauerhafte Bedrohung des Reiches durch türkische Truppen bis in die 40er Jahre des 16. Jahrhunderts hatte seinerzeit den Kaiser veranlaßt, die Protestanten zu dulden und war dadurch eine Ursache für das Erstarken der protestantischen Landesherren.

Mit der Errichtung des Schlosses in Elmarshausen hatte Hermann von der Malsburg bereits 1538 begonnen; der Hauptflügel wurde 1544 vollendet und der östliche Flügel schließlich 1553. Hier ist das Dach auf allen Seiten besonders dicht mit Zwerchgiebeln geschmückt, die jeweils nebeneinander Halbkreisgiebelaufsätze, noch dazu mit einer leichten Staffelung, aufweisen. Auch hier dürfte der Einfluß der Werkstatt von Unkair maßgebend gewesen sein, wobei wir den Namen des Baumeisters nicht kennen. Zu den Besonderheiten von Elmarshausen gehört es, daß die Wohnräume im Dachwerk, Stuben und Schlafkammern, noch erhalten sind. Reste von Farbfassungen an den Wänden, Stuckdecken und steinernen Kaminen zeigen, wie prächtig selbst untergeordnete Wohnräume gestaltet gewesen sind.

Das von Matthäus Merian 1654 abgebildete Schloß Uslar hätte das bedeutendste des Weserraums werden sollen, wäre es nicht schon im 17. Jahrhundert bis auf das Sockelgeschoß abgebrannt. Bereits die Ansicht Merians zeigt eine Ruine.

Ab 1548 ließ der Bischof von Paderborn die Burg Dringenberg ausbauen, 1551 waren die Arbeiten im wesentlichen abgeschlossen. Zum Halsgraben, der die Burg von der Vorburg trennt, wurde eine dekorative Auslucht gebaut, deren oberstes Geschoß mit einer Maßwerkbrüstung versehen und mit einem Halbkreisgiebel abgeschlossen ist. Nach Beendigung der Bauarbeiten bestand das Gebäude aus zwei rechtwinklig aneinanderstoßenden Flügeln mit einem Treppenturm im Hofwinkel und einem aus der Zeit der Spätgotik übernommenen Torbau in der Verlängerung des südlichen Flügels. Die darüber liegende Kapelle wurde zugleich modernisiert. Zwei kleinere Flügel schlossen den Hof auf den offenen Seiten ab, doch sind sie in der ursprünglichen Form nicht mehr erhalten. Von besonderer Bedeutung sind die historischen Putzflächen des Hauptflügels auf der Hofseite. Hier hat sich in völlig ungewöhnlicher Weise der Außenputz der Renaissance erhalten, wenn auch nach 450 Jahren die charakteristische Farbigkeit nicht mehr zu erkennen ist: Die Wandfläche ist in schmale Streifen aufgeteilt, die diagonal und rautenförmig angeordnet sind. Daß es sich um einen originalen Putz der Renaissancezeit handelt, erkennt man daran, daß an einer Stelle sauber die Jahreszahl 1551 und das Meisterzeichen des unbekannten Handwerkers eingearbeitet sind. Es ist das älteste sicher datierbare Beispiel dieses für die Weserrenaissance charakteristischen Streifenputzes, der sich später auch in Osnabrück, Lemgo und Varenholz fand, dort jedoch jeweils nach Funden großflächiger rekonstruiert werden mußte.

Für Jörg Unkair sollte das Schloß in Detmold das letzte Projekt werden. Die aus dem 13. Jahrhundert stammende Burg mit ihrem beherrschenden runden Bergfried und einem nach 1447 errichteten abseits stehenden Wohnflügel wurde zwischen 1550 und 1557 zu einem Vierflügelschloß mit annähernd rechtwinkligem Innenhof und Treppentürmen in den Hofwinkeln ausgebaut. Eingangsseite und Treppentürme gestaltete Jörg Unkair, der hier wiederum seine charakteristischen Formen mit gestäbten Portalen sowie Astwerk, diesmal an der Treppenspindel, unterbrachte. 1553 starb er, und so mußte der Bau durch Cord Tönnies vollendet werden. Dadurch kam es in vielen Details zu Planänderungen, denn Cord Tönnies bemühte sich, anstelle des noch in mittelalterlicher Tradition stehenden glatten Mauerwerks stärker Gliederungselementen der Renaissance zur Geltung zu verhelfen. Seine besondere Leistung dürfte die Hoffassade des Schlosses sein, die an der Eingangsfront mit einer dichten Reihung von Pilastern und darüber einem in den Hof vorkragenden gewölbten Gang versehen ist. Erstmals im Weserraum wird hier das architektonische Motiv der Antike von Lasten und Tragen baulich versinnbildlicht. Dies ist der eigentliche Durchbruch für die Renaissance im Weserraum, denn erst

mit diesen Formen findet eine Anknüpfung an die antike Architektur statt, auch wenn Cord Tönnies niemals in Italien gewesen ist, sondern die Antike nur durch Bücher und Drucke kennengelernt hat.

An einigen weiteren Bauten ist die Handschrift des Architekten Cord Tönnies nachzuweisen; sie sind ein Beleg für das Zurückdrängen gotischer Formen zugunsten moderner antikisierender Gliederungen. Das kleine Archivhäuschen des Hofes der Herren von Münchhausen in Rinteln zeigt noch die abgewandelten Elemente der Gebäude Jörg Unkairs, nämlich die gotisierenden Vorhangbogenfenster mit kleinen Reliefs an den Fensterpfosten – unter anderem eine sich erdolchende Lucretia – sowie durch Fächerrosetten verzierte Halbkreisaufsätze. Das 1568/69 umgebaute Haus des Bürgermeisters Johann Rike in Hameln setzt mit seinen durch Dreiecksgiebel bekrönten Fenstern die Kenntnis der zeitgenössischen Architekturbücher voraus. Tönnies hatte hier die Aufgabe, ein mittelalterliches Gebäude dem modernen Zeitgeschmack anzupassen.

Das bedeutendste Werk von Tönnies ist sicherlich der Mittelflügel des Schlosses Schwöbber bei Aerzen. Dieser wurde um 1570 bis 1576 errichtet, wobei aber wohl von vornherein die Erweiterung der Anlage auf mehrere Flügel vorgesehen war. Dafür spricht der Umstand, daß der Treppenturm zur Erschließung dieses Flügels nicht wie üblich vor der Fassade, sondern im Gebäudeinneren geplant wurde, wo er die spätere Hofansicht nicht stören konnte. Mit dem Ausbau des Schlosses ab 1588 (südlicher Torflügel) beziehungsweise 1602 bis 1604 (Nordflügel) entstanden konsequenterweise auch Treppentürme in den Hofwinkeln. Nach zwei Bränden 1908 und 1992 ist vom Inneren dieses Schlosses nur noch wenig Bedeutsames erhalten, hierzu zählt vor allem die Küche mit ihrem großen begehbaren Kamin von 1576, in dem sich Speisen auch für sehr große Festgelage mühelos zubereiten ließen.

Moderner als die Bauformen des Cord Tönnies sollten die drei Schlösser werden, die Herzog Erich II. von Braunschweig-Calenberg-Göttingen ab 1559 erbauen ließ. Der Herzog weilte nur selten im Land, zumal er auch in Antwerpen ein Haus besaß. Dort scheint er sich die Bauleute ausgesucht zu haben, die 1559 mit dem Ausbau des Schlosses Uslar nach einem bis dahin unerreicht regelmäßigen Bauplan begannen. Allein das Sockelgeschoß ist erhalten und zeigt ein Quadermauerwerk von seltener Qualität; die Fensteröffnungen selbst der Kellergewölbe sind mit Dreiecksgiebeln versehen, die unmittelbar dem Architekturtraktat Sebastiano Serlios (1475– um 1554), einem italienischen Baumeister und Architekturtheoretiker, entsprungen zu sein scheinen. Mit seiner Baulehre gab er ein Musterbuch antiker und neuer Baukunst und Dekoration heraus.

Besonders auffallend ist Schloß Hannoversch Münden, bei dem das neue Treppenhaus mit einer geradläufigen Treppe ebenso wie einige Innenportale reinste Renaissanceformen nach dem Vorbild der Antike zeigen. Daneben gibt es noch einen Wendeltreppenturm mit sehr aufwendiger Spindel und spätgotischem Portal von 1501, ein sehr frühes Beispiel im Weserraum. Berühmt geworden ist das Schloß durch die beiden zwischen 1562 und 1574 ausgemalten Säle, das „Gemach zum weißen Roß“ und das „Römergemach“, die mit gemalten Statuen in ebensolchen Wandnischen ausgestattet sind und zum einen biblische Helden, zum anderen römische Krieger vorstellen.

In Schloß Uslar ist ein für die Weserrenaissance besonders charakteristisches Baumotiv erstmals nachzuweisen: der Bossenquader. Die durch die kleinen, gleichmäßig verteilten Einkerbungen wie Waffeleisen aussehenden Quader dienten zur Verzierung von Gebäudekanten, aber auch zur Einfassung von Portalen und Fenstern sowie bei jüngeren Beispielen in Form von Gesimsen zur Gliederung der gesamten Mauerfläche. Da sich ihr erstes Vorkommen im Weserraum am Schloß Uslar nachweisen läßt – in den Wandmalereien des Schlosses Hannoversch Münden taucht diese Quaderform erneut auf –, hat man als ihr Ursprungsland die Niederlande angenommen. Doch auch in den Niederlanden gibt es aus der Zeit der Renaissance keine sicher datierten Bossenquader vor 1559, und wegen ihres charakteristischen Vorkommens an zahlreichen Bauten der Renaissance im Weserraum hat die Kunstgeschichte ihnen dort den Namen „Weserstein“ gegeben. Bossenquader findet man aber nicht nur im Weserraum und in den Niederlanden. Renaissancebauten der wichtigsten Hansestädte von Lübeck bis Danzig besitzen diese Steine, und ungeklärt ist bislang das Vorkommen ähnlicher Quader an einer Burg des 14. Jahrhunderts in Luxemburg.

Zu den erhaltenen Bauteilen von Uslar gehören die frühesten Kerbschnitt-Bossensteine, die man im Weserraum nachweisen kann. Einige Beispiele sind heute im Weserrenaissance-Museum Schloß Brake in Lemgo zu sehen.

Als der Baumeister Jörg Unkair starb, war Schloß Detmold gerade mitten im Bau. Das Tor und die Teile rechts davon hatte er als letzte seiner Werke errichtet. Der Nachfolger, Cord Tönnies, konnte auf der Außenseite des Schlosses nur noch wenig ändern, so erhielten die Giebel etwas bewegtere Formen. Unter der steilen Turmhaube daneben verbirgt sich im Kern der mittelalterliche Bergfried, den es lediglich etwas umzugestalten galt.

Schloß Schwöbber, erbaut von der Familie von Münchhausen in der Nähe von Hameln, ist ein frühes Beispiel für eine dreiflügelige Schloßanlage. So einheitlich, wie das Schloß aussieht, ist es aber gar nicht. Der mittlere Flügel (1570–1576) stand zuerst allein. Er wird durch eine Wendeltreppe erschlossen, die man jedoch nicht – wie üblich – vor die Fassade stellte, sondern im Innern einbaute, um die spätere Erweiterung zur Dreiflügelanlage nicht zu stören. Zu dieser Erweiterung kam es in den nächsten Jahrzehnten, nach 1602 wurde das Schloß fertig. Der symmetrisch barock wirkende Park vor dem Schloß ist erst eine Zutat des frühen 20. Jahrhunderts, dem ein längst verschwundener Park aus dem 18. Jahrhundert vorausging. Schloß Schwöbber gehört, inzwischen umfassend restauriert, zu den bekanntesten Schlössern der „Weserrenaissance".

Nicht verspielt, sondern geradezu klassisch und mehr dem Beispiel niederländischer Bauten folgend, zeigt sich Schloß Hannoversch Münden, das zwischen 1560 und 1574 durch Herzog Erich II. von Braunschweig-Calenberg ausgebaut wurde. Nahe dem Schloß führt die mittelalterliche Bogenbrücke über die Werra in die Altstadt. Der Schiffsverkehr reichte einst von Hannoversch Münden weiter stromaufwärts bis nach Nordhessen. Allerdings fuhr man nur mit kleinen Schiffen, wegen der geringen Tiefe der Oberweser und der Werra.

Das Schloß in Hannoversch Münden enthält zwei der bedeutendsten ausgemalten Säle des Weserraumes. Im „Römergemach“ finden sich in gemalten Nischen lebensgroße Standbilder sowie in reichen Kartuschen die Büsten römischer Helden und Sagengestalten. Die Vorbilder mächtiger Figuren aus Sage und Geschichte waren für den Fürsten der Renaissancezeit Symbol und Ansporn zugleich. Der Raum selbst ist älter als seine Ausstattung. Der Erker mit spätgotischen Fenstern gehört noch zu einer Bauphase um 1520, während die Ausstattung, vor allem die Wandmalerei, nach einem Schloßbrand 1561 entstand.

PITHYVS

Bereits die nächste Generation der Renaissancebauten im Weserraum läßt sich der Spätphase dieses Stils zuordnen, die man unter dem Begriff „Manierismus" faßt. Wahrscheinlich war es Hermann Wulff (gest. um 1599), der die 1568 bis 1571 errichtete Fassade des Wohnhauses von Bürgermeister Hermann Krüwell (gest. 1582) in Lemgo erbaute. Die einzelnen Elemente bilden einen Gegensatz zu dem Gliederungssystem der Antike: Die Dreiviertelsäulen der Fassade stehen nicht übereinander, sondern sind von Geschoß zu Geschoß versetzt. Dem Betrachter der Renaissancezeit wird übrigens die Modernität des Gebäudes viel auffälliger vorgekommen sein als dem heutigen Besucher. Das hohe Tor in der Mitte des Giebels führt in eine schmale Diele, seitlich davon gibt es links und rechts Wohnstuben, die an der Fassade durch Auslucht und Erker zu erkennen sind. Wohnräume an dieser Seite waren eine Erfindung des 16. Jahrhunderts und zeigten sich in älteren Bürgerhäusern kaum in so repräsentativer Gestaltung. Die Fensterbrüstungen, die Portalbekrönung und den Giebel hat der Baumeister genutzt, um ein bildliches Programm unterzubringen, das auf die Bildung des Bauherrn aufmerksam macht. Zu Adam und Eva über dem Portal gehört Gottvater im Giebel. Die Brüstungsreliefs von Erker und Auslucht zeigen die christlichen Tugenden (Fides und Spes stehen für Glaube und Hoffnung).

Weiter hinten im Haus geht die Diele ohne eine Raumtrennung in die hohe Küche über. Dahinter gab es nur den unterkellerten Saal, den wichtigsten und repräsentativen Wohnraum des Hauses, der übrigens zugleich als Schlafzimmer diente und das Himmelbett des Hauseigentümers enthielt. Heute wird dieses Haus, im Grundriß und Aufbau typisch

Das Hexenbürgermeisterhaus in Lemgo, benannt nach einem Bewohner des 17. Jahrhunderts, der seine politischen Gegner als Hexen verdammte und umbringen ließ, ist das berühmteste Bürgerhaus der Renaissancezeit in dieser Stadt; es wurde zwischen 1569 und 1571 gleichfalls für einen Bürgermeister erbaut.

für die Bürgerhäuser des Weserraums der zweiten Hälfte des 16. Jahrhunderts, wegen des späteren Bewohners, Bürgermeister Cothmann, Hexenbürgermeisterhaus genannt. Cothmann hatte sich etlicher seiner Mitbürger und insbesondere seiner Gegner entledigt, indem er sie als Hexen bezichtigte und umbringen ließ, bis eine der Beschuldigten den qualvollen Folterungen widerstand und vor dem Reichskammergericht die Einstellung der Hexenprozesse bewirkte. Die Folterwerkzeuge, die heute im Keller des als Museum genutzten Gebäudes ausgestellt werden, erwecken allerdings einen völlig falschen Eindruck. Im Keller von Cothmann lagerten Rüben, Kohl, Bier und Wein, vielleicht auch schon Kartoffeln, niemals aber wurden dort Hexen gefangen gehalten. Für die schlimmen Greueltaten gab es das städtische Gefängnis.

Der Renaissanceflügel des Schlosses Brake in Lemgo ist ein Beispiel solider herrschaftlicher Architektur. Die Gliederung des ebenfalls von Hermann Wulff gestalteten Baus ist streng und verzichtet auf alle manieristischen Spielereien. Lisenen, leicht aus der Fassade hervortretende senkrechte Mauerstreifen, teilen die Wand in gleichmäßige Felder und binden den Turm in die Gliederung ein. Er ist in jeder Hinsicht der Höhepunkt des Schlosses und ersetzt den an gleicher Stelle nachgewiesenen runden mittelalterlichen Bergfried. Er scheint als Treppenturm geradezu zum Entdecken gestaltet zu sein, doch wir wissen nicht, in welche Räume der gräfliche Besucher früher hineingelassen wurde. Die sieben Geschosse werden durch sechs verschiedene Treppen erschlossen. Besonders repräsentativ ist die Haupttreppe aus kurzen geraden Läufen, die vom Erdgeschoß bis zum Altan, einem vom Boden aus gestützten Balkon am Obergeschoß des Gebäudes, reicht und dabei ebenso in das (abgebrochene) Torhaus und in die drei gewölbten Kämmerchen führt, die durch Kamin und Stukkaturen hervorgehoben sind. Sie nahmen zu Graf Simons IV. zur Lippe (1563–1613) Zeiten wahrscheinlich seine bedeutende Bibliothek auf, die den Grundstock der heutigen Lippischen Landesbibliothek in Detmold bildete. In der Mauerstärke daneben ist eine enge, steile Wendeltreppe untergebracht, die von der Kapelle im unteren Geschoß noch ein Stockwerk über den Altan hinaus in das vermutete Privatgemach Simons führt. Zwischen den Geschossen blieb dabei soviel Platz, daß unterhalb des Privatgemachs eine Geheimkammer, nur wenige Quadratmeter groß und durch ein kleines Fensterchen beleuchtet, untergebracht werden konnte. Die beiden obersten Geschosse und den Turmhelm erreicht man durch eine Treppe vom Altan aus, die an Simons Raum vorbeiführt, ohne ihn zu erschließen. Der Helm, einst eine viel aufwendigere und noch höhere Holzkonstruktion, hatte einen Umgang, von dem aus Simon Sternbeobachtungen und astrologische Studien vornehmen konnte. Sein Interesse an diesem Thema ist bekannt, er stand mit den wichtigsten Astronomen seiner Zeit, wie etwa dem dänischen Astronomen Tycho Brahe (1546–1601) in Kopenhagen, in Verbindung, kannte aber auch das astrologische Interesse an den Höfen in Kassel und Prag.

Die innere Aufteilung des Renaissanceflügels von Schloß Brake ist trotz gravierender Umbauten im 19. und 20. Jahrhundert weitgehend überliefert. Die an den Turm anschließende und durch eine Mittelsäule geteilte gewölbte Kapelle ist erhalten. Der anschließende große Renaissancesaal im Hauptgeschoß wurde um 1705 in einen kleinen stukkierten Barocksaal und mehrere Vorgemächer

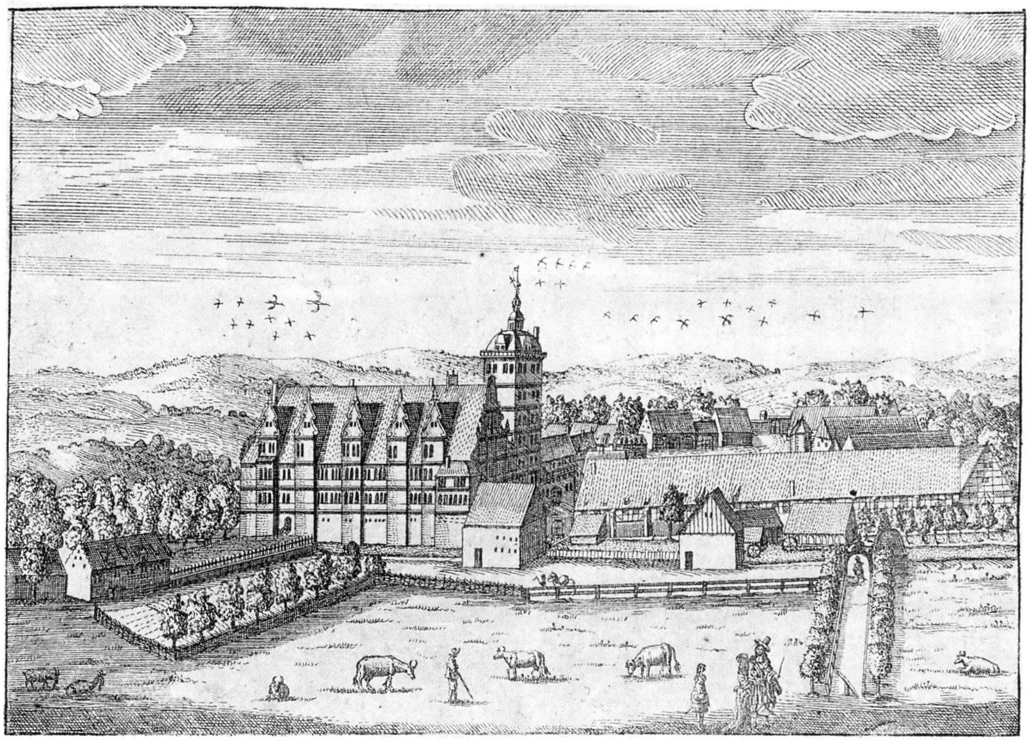

aufgeteilt. Eine Wendeltreppe führt in eine gewölbte Hofstube im untersten Geschoß, das vom Hof her ein Keller ist, von außen aber als Erdgeschoß wirkt. Kamine in den Räumen dieses untersten Geschosses zeigen, daß sie immer zum Aufenthalt von Menschen vorgesehen waren. Nur ein kleinerer Gewölberaum des Renaissanceflügels war der Vorratskeller der Küche, die sich ebenerdig an den gerade genannten Saal anschließt. Über dem Hauptgeschoß lagen Wohnräume, dann folgte der Dachraum, der bei Schloßbauten der Renaissance gelegentlich auch ausgebaut sein konnte, in Brake jedoch 1819 vollkommen erneuert wurde. Die Einrichtung des Weserrenaissance-Museums im Schloß Brake ermöglicht es dem Besucher, hier einige Dinge zu sehen, die für die Renaissance zwar typisch sind, an anderen Bauten jedoch nur schwer nachvollzogen werden können.

Das Schloß war kein einheitlicher Neubau der Jahre 1584 bis 1592. Ihm ging eine wahrscheinlich im späten 12. Jahrhundert gegründete Burganlage voraus, von der namhafte Reste des Mauerwerks bei der Sanierung des Schlosses und dem Ausbau zum Weserrenaissance-Museum entdeckt und sichtbar gemacht werden konnten. Der spätmittelalterliche Südflügel blieb beim Umbau des Schlosses erhalten, der renaissancezeitliche Ostflügel wurde 1665/66 fast völlig überformt; der nach 1811 abgebrochene Westflügel ist durch die Kontur des Giebels am Schloßturm noch nachzuweisen. Spätestens seit dem 16. Jahrhundert handelt es sich also um eine geschlossene Vierflügelanlage von der heutigen Größe, in der immer wieder, fast in jeder Generation, gebaut und modernisiert wurde. Im 19. Jahrhundert, als das Schloß nicht mehr als fürstliche Wohnung diente, saßen hier die Amtsverwaltung und eine Bierbrauerei. Alle Umbauspuren sind im Weserrenaissance-Museum gekennzeichnet, so daß der Besucher quer durch 800 Jahre Baugeschichte wandert. Ein wesentlicher Aspekt wird durch die Burg- und Schloßromantik unserer Zeit leicht überdeckt: „Schloß" ist nicht nur der repräsentative Sitz des Adels, im Falle des Schlosses Brake das eindrucksvolle Gebäudegeviert mit dem Turm inmitten einer künstlichen Gräfte, eines Wassergrabens, der übrigens schon im 12. Jahrhundert angelegt wurde, zur Burg und zum Schloß gehören vielmehr recht profane Bauaufgaben und Gebäude hinzu. In zwei Domänenhöfen, die mehr Fläche als das Schloß selbst beanspruchten, hatte man fünf große Scheunen, Stall- und andere Wirtschaftsgebäude untergebracht. Der barocke Marstall und die moderne Stadthalle (Schloßscheune) ersetzen jeweils ältere Bauten an gleicher Stelle; der Domänenhof des Weserrenaissance-Museums besteht noch aus den Wirtschaftsgebäuden des 16. bis 18. Jahrhunderts. Drei Mühlen sorgten für den Unterhalt des Schlosses, besonders eindrucksvoll ist dabei die komplett eingerichtete, 1805 neu gebaute Ölmühle, während die Kornmühle des 16. Jahrhunderts (Museumscafé) und die Sägemühle (Mühlenmuseum) stark verändert wurden und im Inneren nicht mehr die ursprüngliche Technik enthalten. In einem eigenen Waschhaus, am Begakanal oberhalb des Schlosses gelegen, wurde seit 1703 die gräfliche Wäsche gewaschen, doch auch zuvor dürfte es hier schon einen Waschhof gegeben haben. Das Schloß ist damit ein Wirtschaftsbetrieb, der auf weitgehende Selbstversorgung eingestellt ist. Bereits im 16. Jahrhundert gab es einen kleinen Küchengarten, der um 1700 zu einem großzügigen Barockpark ausgeweitet wurde, sich heute aber nur noch in Resten feststellen läßt.

Am Lemgoer Rathaus begegnet uns der Baustil Hermann Wulffs ein weiteres Mal. Der längliche Kernbau geht zwar auf das 14. Jahrhundert zurück und erhielt im 15. Jahrhundert zum Markt hin Vorbauten mit Arkaden, doch auf den ersten Blick fallen die drei Anbauten der Renaissance auf. Von Wulff stammt die sogenannte Ratslaube von 1565, die den Eingang zur Mittelstraße bildet und nach einem knappen Vierteljahrhundert aufgestockt wurde. 1589 baute man auch die Kornherrenstube am Markt aus, schließlich folgte 1609 bis 1612 der Anbau der Apothekenausslucht. Rathäuser hat man im Mittelalter, ähnlich wie Burgen, je nach Raumbedarf immer wieder erweitert, so daß richtige Rathaus-Baugruppen entstanden. Außer für Lemgo ist dies etwa für Rinteln (Umbau: 1598), Duderstadt und Hannoversch Münden (Erweiterung 1603 bis 1609 durch Georg Croßmann aus Lemgo) typisch. Auf teils sehr bedeutende mittelalterliche Kerne trifft man auch bei den Rathäusern in Bremen, Höxter, Nienburg und Paderborn.

Das Residenzschloß Brake vor den Toren Lemgos ist samt seinen Wirtschaftsgebäuden gut erhalten und dient heute als Standort des international bekannten Weserrenaissance-Museums; zugleich ist es Ausgangspunkt für Routen durch die gesamte Region zwischen Bremen und Kassel.

FIDES

Nicht die Wappen des Hexenbürgermeisters Cothmann, sondern des wichtigen Bürgermeisters Hermann Kruwell zieren die Auslucht am Giebel des Hexenbürgermeisterhauses in Lemgo. Gerahmt werden die beiden Wappen Hermann Kruwells (zwei dreizinkige Haken) und seiner Ehefrau Lisbeth Vürstenau (Hausmarke in Form eines Kreuzes) von allegorischen Figuren der Treue (Fides) und der Hoffnung (Spes) – typisch für ein großes Bürgerhaus der Renaissance im Weserraum. Der wegen der Hexenverfolgungen berüchtigte Bürgermeister Cothmann bewohnte das Haus im 17. Jahrhundert. Heute dient es als Stadtmuseum.

Schloß Brake bei Lemgo, die zwischen 1584 und 1592 entstandene Residenz des lippischen Grafen Simon VI., ist berühmt durch den siebengeschossigen Schloßturm mit sechs verschiedenen Treppen, kleinen Bibliotheks- und Wohnräumen sowie einer Geheimkammer. Das Schloß ist Sitz des Weserrenaissance-Museums, das eine Sammlung zur Renaissance im Weserraum über die Ländergrenzen hinweg von Bremen bis Kassel enthält. Zugleich bildet es den Ausgangspunkt der Straße sowie der Radwege zur Weserrenaissance.

Das Rathaus von Rinteln zeigt seit der jüngsten Erneuerung den typischen Rohbau-Zustand eines Renaissancegebäudes; vollendet hätte man es sich verputzt und sparsam bemalt vorzustellen. Kern des Rathauses ist ein mittelalterliches Bauwerk aus dem 13. Jahrhundert. Die mehrfach umgebaute Stadtkirche gleich nebenan enthält noch einen bedeutenden Altar aus der Renaissancezeit. In der Vergangenheit war Rinteln eine wichtige Zollstätte an der Weser, da hier das Gebiet der Grafen von Schaumburg und Holstein an den Fluß grenzte.

1583

Fast jedes Rathaus im Weserraum hat einen mittelalterlichen Kern, so auch das von Hannoversch Münden. Nur das rechte, westliche Gebäudedrittel gehört der Renaissance an. Der Baumeister Georg Crossmann aus Lemgo hatte anläßlich dieses Umbaus von 1603 bis 1609 zugleich die gesamte Nordfassade des Rathauses mit reich durchbrochenen Giebeln neu zu gestalten. Der Reichtum der Stadt, der sich in diesem Bauwerk und den Fachwerkhäusern zeigt, ist vornehmlich auf die bevorzugte Stellung Hannoversch Mündens im Weserhandel zurückzuführen. Wegen des mittelgebirgigen Umlands gab es für den Handel keine Alternativen zum Warentransport auf dem Fluß.

RATS
KELLER

Beim Rathaus in Höxter reicht das steinerne Sockelgeschoß bis ins 12. oder 13. Jahrhundert zurück. Galten die Jahre 1610 bis 1614 bis vor kurzem als Baujahr des Rathauses, so wissen wir heute, daß es sich nur um einen großen Umbau mit Treppenturm (rechts), Erker und Fachwerkgeschoß handelt. Das Sockelgeschoß gehört zu den ältesten Rathausbauten, die wir in Westfalen kennen. Fast vor den Toren des Rathauses legen heute die Fahrgastschiffe der Weißen Flotte an.

Nahezu gleichzeitig mit Brake wurde auch Schloß Barntrup westlich von Bad Pyrmont gebaut. Es entstand von 1584 bis 1588, wahrscheinlich an einer alten Burgstelle, denn die vergleichbaren lippischen Stadtgründungen wiesen an der entsprechenden Stelle schon im 13. Jahrhundert eine Burg auf (Horn, Detmold), allerdings ist hiervon in Barntrup nichts erhalten. Baumeister war Eberhard Wilkending, für abschließende Arbeiten bis 1592 Hermann Rade. Das Schloß bestand aus dem Hauptflügel und einem kleinen, nicht mehr erhaltenen Nebenflügel. Kennzeichnend für den Hauptflügel sind die mächtigen, bollwerkartigen Rundtürme an den Ecken, die dem Schloß einen recht wehrhaften Eindruck verleihen, obwohl das unmittelbare Vorbild hierfür keineswegs der Festungsbau, sondern das Lustschlößchen in der Fuldaaue unterhalb des Schlosses in Kassel ist. Der wehrhafte Gesamteindruck wird durch die Hoffassade mit schlankem Treppenturm und dekorativer Auslucht aufgehoben.

Besonders verspielt sind die Steinmetzarbeiten an den Pilastern der Giebelseiten. Hier finden wir ein typisches Element des Manierismus vor: Die klassische Architektur hätte aus der Wandfläche und einer als Halbsäule oder Pilaster vorgelegten Stütze bestanden. Die Stabilität des Bauwerks verlangt es jedoch, daß die einzelnen Quader der Pilaster in das Mauerwerk eingebunden sind. Die Oberfläche dieser Quaderteile hätte man normalerweise abgemeißelt und zusammen mit dem Bruchsteinmauerwerk der Wandfläche überputzt. Der Barntruper Baumeister hebt jedoch die Einbindung der Pilaster in das Mauerwerk hervor: Der gesamte Quader ist mit einem Kerbschnitt-Bossenstein-Ornament versehen. Im Grunde ist dies eine Karikatur der klassischen Ordnung, kein Mißverständnis, sondern bewußte Ironie. Sie hat allerdings dazu beigetragen, daß die Kunstgeschichte des 20. Jahrhunderts über weite Strekken die Renaissance im Weserraum nicht verstanden hat und angesichts „ordentlicher" italienischer Renaissancebauten meinte, nicht die betreffenden Kunsthistoriker, sondern die Baumeister des 16. Jahrhunderts hätten nicht gewußt, wie man eine „richtige" Säule oder einen Pfeiler gestaltet. Dies ist aber ein Irrtum, denn zum einen kannte man im 16. Jahrhundert im Weserraum die Vorlagebücher, in denen italienische, niederländische und deutsche Baumeister die Renaissanceordnungen in allen ihren Varianten systematisch darstellten, und zum anderen finden sich auch Beispiele mit klassischen durchgebildeten Säulenordnungen. Weiterhin hat man auch in Italien im späteren 16. Jahrhundert die Architektur nicht mehr so „bierernst" gestaltet wie noch ein Jahrhundert zuvor – man denke nur an die scheinbar herabstürzenden Quader der Arkaden des Palazzo del Te in Mantua.

Die im Grundriß dreieckige Wewelsburg begeisterte schon romantische Darsteller des 19. Jahrhunderts, wie den Stahlstecher W. Schuch. Mit ihren drei mächtigen Türmen beherrscht die zwischen 1604 und 1609 ausgebaute Burg eine schmale Anhöhe über dem Alme-Tal.

Das 1591 bis 1600 zum Vierflügelschloß ausgebaute Varenholz weist in seiner äußeren Gestalt bemerkenswerte Eigentümlichkeiten auf. Wie bei den meisten Renaissanceschlössern, ist die Entstehungszeit bis auf das Mittelalter zurückzuverfolgen, ein erster Renaissanceausbau der mittelalterlichen Anlage erfolgte 1540. Die im späten 16. Jahrhundert errichteten neuen Flügel bilden einen wohnlich wirkenden Innenhof mit Treppentürmen in den Hofwinkeln, einer dekorativen Auslucht in der Mitte des neuen Bauteils und der Verzierung durch Streifenputz. Das Äußere hat demgegenüber einen fast festungsartigen Charakter. Die Ecken sind bastionsartig verstärkt. Die schiefwinkligen „Bastionen" sind so angelegt, daß man von den flachen Kanonen-Schießscharten die Flanken der Mauer bestreichen könnte. Modernste niederländische Festungsarchitektur hat diesen Bau beeinflußt. Niemals allerdings hätte man es wagen dürfen, in die engen Kellerräume eine Kanone zu stellen und sie tatsächlich zu zünden: Dieses Schloß soll an eine Festung erinnern, doch es ist keine. Dem Betrachter, der etwa auf der Weser an diesem kleinen Teil des Landes Lippe vorbeischippert, wird lediglich die symbolhafte Bedeutung einer Festung und damit die Wehrhaftigkeit vor Augen geführt. Um sich die Einzigartigkeit dieser Anlage klarzumachen, genügt ein Blick auf das wenige Jahre

zuvor errichtete Schloß desselben Bauherren, des Grafen Simon VI. zur Lippe, nämlich Schloß Brake bei Lemgo mit seinen wesentlich klassischeren Elementen eines Residenzschlosses der Renaissance.
Auf einen ganz ungewöhnlichen Grundriß stoßen wir in Schloß Wewelsburg südlich von Paderborn. Dieses aus einer auf einem Bergsporn gelegenen Burg hervorgegangene Schloß ist dreieckig und hat an den Eckpunkten kräftige Türme, ein besonders markantes Bollwerk ist der Talseite zugewandt. Bauherr der um 1604 bis 1607 ausgebauten Wewelsburg war Bischof Dietrich von Fürstenberg (reg. 1585–1618), der auch die Vollendung von Schloß Neuhaus in Auftrag gab und die Erneuerung des Rathauses Paderborn durchsetzte. Sein prachtvolles Grabdenkmal, von ihm selbst bei Heinrich Gröninger (gest. 1631) in Auftrag gegeben, finden wir im Paderborner Dom. Um 1618 entstanden, ist es ein Hauptwerk der Skulptur der späten Renaissance, in einigen Einzelheiten, wie etwa den Kapitellen, an gedruckten Vorlagen des Wendel Dietterlin (1550/51–1599), eines Malers aus Straßburg, orientiert. Figurenreich wird in einem altarmäßigen Aufbau mit zahlreichen Heiligenstatuen der vor dem Kruzifix knieende Bischof dargestellt, vor dem Relief mit der Vision des Ezechiel zur Befreiung Israels beziehungsweise der Auferweckung des Lazarus.
Ihrer Fassadengestaltung nach darf die Hämelschenburg in Emmerthal als einer der Höhepunkte der Renaissance im Weserraum gelten. Ab 1556 errichteten die Herren von Klencke unterhalb einer von ihnen übernommenen Burg einen Gutshof und fügten 1563 eine kleine Kapelle an. Nach 1583 sollte dann, nachdem Ludolf Klencke die Anlage als Alleinerbe übernommen hatte, mit dem Ausbau des neuen Schlosses begonnen werden. Es entstanden bis etwa 1593 zunächst der Nordflügel, 1597 bis 1599 der westliche Flügel und etwa zwischen 1600 und 1606 der Südflügel, gefolgt von einem später wieder abgebrochenen, aus Fachwerk bestehenden kurzen Ostflügel.
Rings um das am Hang gelegene Schloß wurde ein tiefer Graben ausgehoben, der die Anlage noch mächtiger erscheinen läßt, als sie ohnehin schon ist. Bereits der Nordflügel zeichnet sich durch gestalterischen Aufwand aus. Die gesamte Mauerfläche ist in ein noch relativ strenges System von Gesimsen und Pilastern eingeteilt, so daß sämtliche Fenster in eine Ordnung einbezogen sind und einen klaren „Halt" haben. Noch stärker sind der Giebel und die Zwerchgiebel hervorgehoben, an denen wir auf Gesimsbänder mit geometrischen Bossenquadern stoßen, wie sie bald darauf den gesamten Südflügel bestimmen sollten. Der Westflügel ist dagegen schlichter, zumal er von Anfang an einen Wirtschaftsraum erhielt, der allerdings im 16. Jahrhundert als Statussymbol galt: der Pferdestall. Eine ironische Inschrift macht deutlich, daß Klenckes Kutschen höchstens vier Pferde vorgespannt waren, doch dürfte dies im 16. Jahrhundert schon eine beachtliche Anzahl gewesen sein.
Großen Reichtum in der architektonischen Durchgliederung zeigt der Südflügel. Seine Fassade besteht aus wechselnden Schichten von Quaderbänden mit Kerbschnitt-Bossensteinen sowie Bruchsteinen. Da die Bruchsteinfelder bis 1888 mit einer Kalkschlämme überzogen gewesen sind, dominierte das Quaderwerk noch stärker und hob sich deutlicher von der Mauerfläche ab. Die Giebel haben überreiche Konturen mit eingerollten Voluten und Obelisken. Die Gebälke zwischen den Geschossen – der Begriff macht schon die Erinnerung an den Holzbau deutlich – sind mit figürlichen Masken verziert, wie man sie sich auch an Balkenköpfen vorstellen könnte. Gerade bei dieser Fassade lohnt es sich, sie in aller Ruhe zu betrachten und ihre Details mit dem Fernglas zu studieren.
Das Schloß befindet sich seit seiner Gründung im Besitz der Familie von Klencke und wurde als deren Wohnsitz immer wieder modernisiert, zuletzt besonders durchgreifend in den Jahren 1886 bis 1888. Seinerzeit wurde der Westflügel ausgebaut und ein Kamin des Nordflügels dorthin versetzt. Im Südflügel befinden sich noch ein weiterer Renaissancekamin, Innenportale und eine vom Steinmetz sorgfältig bearbeitete Durchreiche, eine „Pilgerlaube", die 1888 zwar erneuert worden sind, aber auf die Jahre um 1600 zurückgehen. Bemerkenswerte Ausstattungsstücke sind das aus der Erbauungszeit übriggebliebene Himmelbett des Ludolf Klencke und der Anna von Holle sowie ein ebenso alter, bedeutender Renaissance-

Das berühmte Schloß Hämelschenburg war bis zu einer Renovierung im späten 19. Jahrhundert ein weiß verputzter Bau. Einige Holzstiche des 19. Jahrhunderts zeigen diesen Zustand noch sehr deutlich.

Nicht nur Schlösser, auch Möbelstücke erfuhren eine ausgesprochen eindrucksvolle Gestaltung, wie etwa diese Truhe der Jahre um 1600 aus dem niedersächsischen Landesmuseum in Hannover.

schrank. Diese Stücke sind um so mehr von Bedeutung, als zur Weserrenaissance gehörende Möbel wesentlich seltener erhalten sind als Gebäude.

Eine geradezu einheitliche Gruppe der Möbelkunst im Weserraum bilden vor allem die Truhen und Schrankwände des Bremer Raums, so daß man für sie den Begriff „Bremer Truhen" gewählt hat. In Anlehnung an Torbögen, die man mit Kerbschnitt-Bossensteinen geschmückt hat, haben diese Truhen nebeneinander vier oder fünf Rahmungen erhalten, die jeweils eine biblische Szene des Alten oder Neuen Testaments zeigen. Diese figürlichen Reliefs orientieren sich an gedruckten Vorlageblättern, wie wir dies ähnlich auch an großformatigen Reliefs der Gebäude gesehen haben. Handwerklich war die Möbelschnitzkunst in der Zeit der Renaissance wahrscheinlich viel stärker mit dem Bauwesen verschmolzen. Ein eigener Berufsstand waren die Schattiliere, Bildschnitzer im Baubereich, die für anspruchsvollere Schnitzereien am Fachwerk und die Vertäfelungen besonderer Räume zuständig gewesen sind. Leider sind nur wenige Raumvertäfelungen erhalten, die von schlichten Beispielen etwa im Rathaus Blomberg bis zu sehr aufwendigen wie der Güldenkammer im Rathaus von Bremen reichen.

Eine Besonderheit stellen die Stadthöfe dar, die sich adelige Familien in zahlreichen Städten des Weserraums und in anderen Landschaften besonders im 16. Jahrhundert errichten ließen, teilweise um sie selbst zu nutzen, teilweise als Kapitalanlage zur Vermietung an bürgerliche Bewohner. Ein einheitliches Schema der Grundrißanordnung vergleichbar den Bürgerhäusern ist daher nicht zu entdecken. In einzelnen Fällen hat man es geradezu mit kleinen Schlößchen zu tun, die in der Stadt errichtet wurden, etwa beim Uffelnschen Lehnshof, dem heutigen Amtsgericht in Höxter. Ein Haus mit Treppenturm, mittlerer Diele und seitlichen unterkellerten Stuben könnte in dieser Form in Nordhessen auch als Landschlößchen dienen. Andere Adelshöfe, so zum Beispiel in Salzuflen, Obere Mühlenstr. 1, unterscheiden sich auf den ersten Blick nur wenig von großen Bürgerhäusern. Gelegentlich hat man zwei oder mehrere solcher vermeintlichen Bürgerhäuser nebeneinander gesetzt und zu einem großen Bau verbunden, so daß der Betrachter vor mehr oder weniger schlichten Fachwerkfassaden steht. Sie ergeben aber einen in seiner Größe sehr ansehnlichen Adelshof, wie die Baugruppe Westerbachstr. 31 bis 37 in Höxter, darunter das „Tillyhaus" von 1610. Auch für solche großen Adelshöfe sind zahlreiche Umbauten von Generation zu Generation überliefert, die die Häuser immer wieder auf den modernsten Stand brachten. Die Höfe sind mit großen Freiflächen und Gärten versehen und liegen oft am Stadtrand, nahe der Stadtmauer und an den markanten Eckpunkten der Stadt, gelegentlich auch in einer Straße.

Im Zusammenhang mit dem Südflügel der Hämelschenburg steht das Haus des Bürgermeisters Arendes in Hameln, Osterstraße 38, das 1602 errichtet wurde. Es weist die gleiche üppige Fassadengestaltung aus Quaderbändern und kleinsten Bruchsteinmauerflächen auf und gibt zudem den Eindruck der Bauzeit durch seine jüngste Restaurierung besser wieder, da die Bruchsteinflächen erneut überputzt worden sind.

Ähnlich dem Hexenbürgermeisterhaus in Lemgo hat das Gebäude in der Osterstraße eine mittlere Diele und seitlich davon Wohnstuben, die sich an der Fassade durch Ausluchten abzeichnen. Der rückwärtige Teil des Gebäudes dürfte mittelalterlichen Ursprungs sein; bei Bürgerhäusern hat man häufig Bauteile aus dieser Zeit übernommen, insbesondere wenn sie aus Stein gemauert waren. Bekannt ist das Haus wegen des rückwärtigen Fachwerkaufsatzes, dessen Inschrift sich auf die Hamelner Rattenfängersage bezieht. Sie ist eines der ersten Dokumente für die Sage, derzufolge ein von den Bürgern um sein Entgelt betrogener Rattenfänger mit klingendem Spiel die Kinder der Stadt mit sich lockte. Deshalb wird das Gebäude auch als Rattenfängerhaus bezeichnet. Der wahre Kern der Sage dürfte der Auszug einiger Hamelner zu einem Kriegszug oder der Ostkolonisation des 13. Jahrhunderts sein.

Zwischen 1610 und 1617 entstand neben dem heute zerstörten Rathaus das Festhaus der Stadt Hameln, das Hochzeitshaus in der Osterstraße 2. Noch einmal können wir die diesmal besonders großartige Fassadengestaltung aus sorgfältig geschnittenen Quadern im Wechsel mit den verschiedensten Bossensteinen betrachten und die Qualität der Steinmetzarbeit aus nächster Nähe bewundern. Wie unterschiedlich zu dieser Zeit die Gestaltungsvarianten sind, mag ein Hinweis auf zwei Bauten zeigen: Der Lemgoer Heinrich Overkotte errichtete 1599 bis 1600 die Abtei in Bad Gandersheim, bei der sich keine ausgesprochen manieristischen Formen finden lassen. Das gleichzeitig entstandene Schloß Holtfeld hat einen besonders aufwendigen aus Quadern gemauerten Giebel, dem vollständig eine flache vortretende Beschlagwerkornamentik aufgelegt, geradezu appliziert, ist (ähnlich Schloß Thienhausen bei Steinheim aus dem Jahr 1609).

Besonders in bezug auf die Hämelschenburg und die Hamelner Bauten hat lange Zeit das Vorurteil bestanden, daß die Weserrenaissance dadurch gekennzeichnet sei, daß Bauherren und Baumeister besonders viel Wert auf die Fassaden der Gebäude legten, während das Innere im Grunde bedeutungslos sei. Doch muß man bei dieser Hypothese bedenken, daß alle diese Gebäude einem ständigen Nutzungswandel unterworfen gewesen sind, der vor allem durch geänderte Wohnbedürfnisse von Generation zu Generation hervorgerufen worden ist. Aus diesem Grunde

blieb von der ursprünglichen inneren Aufteilung und Ausstattung der fraglichen Bauten nur noch ein geringer Teil erhalten. Doch wenn wir die wenigen Renaissance-Möbelstücke und -Bauteile der Hämelschenburg mit der rekonstruierbaren, großzügigen Raumanordnung eines in jüngerer Zeit gut untersuchten Schlosses wie Bevern bei Holzminden vergleichen, zeigt sich ein durchaus anderes Bild. Schloß Bevern nimmt in der Kunstgeschichte einen besonderen Rang ein, weil es das Streben der Renaissance nach Regelmäßigkeit ebenso verkörpert wie die Liebe zu kleinen, bewußten, aber erst auf den zweiten Blick zu entdeckenden Unregelmäßigkeiten.

Schloß Bevern folgt dem geometrischsten Grundplan. Es ist nahezu quadratisch, hat in zwei gegenüberliegenden Hofwinkeln Treppentürme und eine annähernd symmetrische Fassadengestaltung. Besonders klar ist die Torfassade im Westen gegliedert, ursprünglich war diese noch um zwei Erker reicher als heute. Dem aufmerksamen Beobachter wird aber auffallen, daß die Achsen, Zwerchgiebel und Fenstergruppen nicht gleichmäßig oder symmetrisch verteilt sind, sondern variieren: eine beliebte Spielerei dieser Zeit. Das Schloß ist zuletzt in seinem Hauptgeschoß in rund 40 Räume und Kammern aufgeteilt gewesen, es hatte jedoch zur Bauzeit weit weniger Räume, die dementsprechend großzügiger waren. Zum südlichen Flügel gehörte auf fast der gesamten Länge im Anschluß an ein Vorgemach der rund 400 Quadratmeter große „Goldene Saal", dessen Deckenbalken und Fenstergewände man mit blaugrauer und teilweise wohl auch mit goldener Farbe gestrichen hatte.

Ein anderes Bauwerk mit sehr markanten Innenräumen ist das abseits des Weserraumes gelegene, in seinen Formen aber sehr ähnliche Schloß Wolfsburg, das zuletzt zwischen etwa 1598 und 1610 ausgebaut wurde und dabei Räume mit gotisierenden Rippengewölben erhielt, die sich durch besonders spielerische Formen über den Renaissance-Konsolen auszeichnen. Ein flachgedeckter Saal ist an den Wänden mit einem Fries von Stukkaturen versehen. Ähnlich aufwendig ist auch Schloß Leitzkau, das, obwohl es 30 Kilometer südöstlich von Magdeburg liegt, noch der „Weserrenaissance" zugerechnet wird. Dies hat seine Berechtigung, da der Bauherr, Hilmar von Münchhausen, ganz offenkundig die Bauleute aus dem Weserraum importierte und sich in Leitzkau an seinen übrigen Bauten orientierte. 1564 hatte er das ehemalige Kloster kaufen können und mit dem Ausbau zum Schloß begonnen, 1573 setzte sein Sohn Statius von Münchhausen diesen Ausbau fort, der gegen Ende des 16. Jahrhunderts zum Abschluß kam. Die um 1585 errichtete viergeschossige Loggia gehört zu den Höhepunkten der norddeutschen Renaissance-Architektur, aber auch der westliche Schloßflügel, das Neuhaus mit Auslucht, Zwerchgiebeln und Stuckdekken (Orpheus-Darstellung) im Innern ist überraschend aufwendig. Die romanische Klosterkirche ist allerdings – im verbauten Zustand – noch erhalten.

Das Rattenfängerhaus in Hameln, hier in einer historischen Abbildung, entstand von 1602 bis 1603 mit einer der aufwendigsten Bürgerhausfassaden im Weserraum. Den Namen trägt es nach einer Inschrift an der Seitenfront, die über die Hamelner Rattenfängersage berichtet.

Das Barntruper Schloß ist wohl das einzige im Weserraum, das wirklich von einer Bauherrin errichtet wurde, nämlich von Anna von Kerßenbrock, der Witwe eines 1576 verstorbenen Söldnerführers. Drei Ecktürme und das schlanke Treppentürmchen sowie der Erker zum Hof geben dem Bauwerk einen lebhaften Umriß. Die kleine Büste über dem Treppenturmportal (das Original befindet sich im Weserrenaissance-Museum), das die Bauherrin zeigt, und der Weinschenk als Relief über dem Kellerportal sprechen für Witz und Ironie des 16. Jahrhunderts.

Das lippische Schloß Varenholz, 1591–1600 unter Verwendung einer kleineren mittelalterlichen Burganlage oberhalb der Weser errichtet, wirkt mit seinen über Eck gestellten schiefwinkligen Türmen wie eine kleine Festung. Tatsächlich eignen sich die Räume für Kanonen aber kaum, einem Festungskrieg hätte Schloß Varenholz kaum standgehalten. Auch in vergangener Zeit war Architektur immer etwas symbolträchtig. Lippe stößt nur mit einem so kleinen Landstrich an die Weser, daß sich solcher Aufwand seinerzeit wohl lohnte.

Der Blick vom Almetal zur Wewelsburg (1604–1607) läßt die beherrschende Rundbastion an der Talseite und einen der beiden schlankeren Türme an der Seite zum Dorf erkennen. Mit Detailformen war man sparsam, das Schloß sollte auf seinen Betrachter kaum aus der Nähe wirken, aber um so aufwendiger und eigenwilliger war der äußere Grundriß dieser einzigartigen dreieckigen Burganlage, erbaut im Auftrag des Fürstbischofs zu Paderborn.

Das Hauptgeschoß des Rathauses von Bad Salzuflen ist über eine weite Freitreppe zugänglich. Es wurde zwischen 1545 und 1547 mit einem hohen Sockel (Ratskeller) noch in spätgotischer Tradition erbaut und gegen 1590 durch einen aufwendiger verzierten Giebel bereichert. Der ursprüngliche Giebel dürfte dem im Hintergrund erkennbaren Rückgiebel des Rathauses entsprochen haben.

Rathhaus

Nicht immer ist der obere Teil eines Gebäudes der jüngere Teil, manchmal kann es auch der ältere sein. Beim 1581 erbauten Haus Obere Mühlenstraße 1 in Bad Salzuflen hoben die Zimmerleute 1632 das mit Fächerrosetten verzierte Giebeldreieck ab, setzten einen vollständigen Fachwerkstock mit ornamentierten Brüstungstafeln und Lüftungsgittern als Speicherstock (Lagerraum) auf und errichteten darüber wieder den ein halbes Jahrhundert älteren Giebel.

Nach der jüngsten Restaurierung zeigt sich das Rattenfängerhaus in Hameln annähernd in seinem ursprünglichen Zustand. Deutlich kontrastiert das reiche Bänderwerk aus Kerbschnitt-Bossensteinen mit kleinsten aus Bruchstein gemauerten und weiß geputzten Flächen. Die ornamentale Gliederung tritt gegenüber der eigentlichen Mauerfläche stark in den Vordergrund. 1602 bis 1603 entstand diese bedeutende Fassade, die auch einen Eindruck davon gibt, wie die berühmte Hämelschenburg ursprünglich ausgesehen haben mag.

Zu den Beispielen reich gestalteter Spätrenaissance-Bauten gehört das Schloß Thienhausen bei Steinheim. Zwar ist aus der Bauzeit um 1609 nur noch einer der beiden reichen Giebel erhalten, der zweite wurde schon im 19. Jahrhundert entfernt, und seine Überreste befinden sich heute im Weserrenaissance-Museum Schloß Brake in Lemgo. Doch mit den das Schloß umgebenden Teichen und Weiden ist das einsam gelegene Bauwerk noch immer ein malerischer Anblick und ein beliebtes Reiseziel.

Zwischen 1602 und 1612 ließ Statius von Münchhausen das Schloß Bevern nahe Holzminden erbauen, später ging es an die Herzöge von Braunschweig-Lüneburg über. Den Wassergraben, der das Schloß umgab, gibt es nicht mehr, doch die Großartigkeit seiner regelmäßigen, fast quadratischen Schloßanlage läßt sich am Äußeren des Gebäudes und ebenso im Innenhof ablesen.

Kein Bauherr hat so bedeutende Kunstwerke und Gebäude in Auftrag gegeben wie Fürst Ernst III. von Schaumburg (1569–1622). In der Zeit von 1595 bis 1597 war für den in der Thronfolge nahezu aussichtslosen fünften und jüngsten Sohn des regierenden Grafen Otto IV. das bescheidene Schloß Sachsenhagen zur Residenz einer winzigen Teilgrafschaft ausgebaut worden. Doch der Tod seiner Brüder machte Ernst 1601 zum Alleinerben der Grafschaft, und er verstand sich darauf, seine Bildung zum Ausbau und zur künstlerischen Ausgestaltung seiner nunmehr gewonnenen Residenz Bückeburg zu verwenden, die er anstelle des Schlosses Stadthagen zu seinem Sitz erkor. Um 1560 bis 1563 war das Schloßgeviert solide, jedoch im Ganzen schlicht ausgebaut worden; einen gewissen Aufwand stellten nur die rückseitig noch erhaltenen Zwerchhäuser mit Halbkreisaufsätzen in der Formensprache Jörg Unkairs dar. Zwischen 1603 und 1608 erfolgte der Ausbau des Schlosses, bei dem Ernst auf namhafte Künstler zurückgriff. Die Kapellenausstattung wurde von bedeutenden Bildhauern, den Brüdern Ebbert (gest. vor 1608) und Jonas Wolff (gest. zwischen Nov. 1618 und Nov. 1619) aus Hildesheim geschaffen. Die Gewölbebemalung fertigte Johann Hopffe (um 1565–1615) aus Hildesheim, der in der Region bekannt gewesen sein dürfte; unter anderem malte er um 1590 einen bedeutenden Zyklus der Abraham-Geschichte für das Schloß Brake in Lemgo. Die Brüder Wolff schufen auch die hochbedeutende Götterpforte im Goldenen Saal, seinerzeit hieß er Weißes Gemach; die Farbgebung ist erst im 19. Jahrhundert hinzugefügt worden. Für die Gemälde in den Feldern der Kassettendecke gewann Ernst den am Prager Kaiserhof angesehenen süddeutschen Maler Johann Rottenhammer (1564–1625), der vermutlich persönlich in Bückeburg war. Zwei Bronzestatuen, deren Abgüsse heute die Schloßbrücke zieren – die Originale sind seit 1926 in Berlin und wurden dort während des Zweiten Weltkriegs beschädigt –, sind Werke des Bildhauers Adriaen de Vries (um 1545– 1626), des angesehensten Bildhauers am Prager Hof, der sich an den Gestaltungen seines italienischen Lehrers Giovanni da Bologna (genannt Giambologna) orientierte und den Statuen keine Hauptansicht gab. Vielmehr sollte man sie umwandern können und auf allen Seiten den gleichen Kunstgenuß empfinden. Daher sind die Figuren, die Venus und Adonis sowie den Raum der Proserpina zeigen, geradezu geschraubt dargestellt; in Italien nennt man diese Form „figura serpentinata“.

Die Bückeburger Stadtkirche ist ein Hauptwerk des Manierismus, jener überquellenden Kunstepoche in der Spätzeit der Renaissance. Zwischen 1613 und 1617 erbaute man die Kirche zu Ehren des Grafen ERNST, dessen Name sich aus den vergoldeten Lettern zusammensetzt.

Mit dem Residenzschloß kaum fertig geworden, machte sich Ernst an den Bau der Stadtkirche. In der Zeit des beginnenden Absolutismus unterwarf er die Stadtplanung seinen Wünschen – Bückeburg war bis dahin ein in der Größe bedeutungsloser Flecken gewesen – und krönte die Stadt durch die bestimmende Fassade der evangelischen Kirche. Sie wurde 1610 bis 1615 errichtet und verrät den gräflichen Einfluß – gefürstet wurde Ernst erst 1620 – schon durch ihre Inschrift: EXEMPLUM RELIGIONIS NON STRUCTURAE heißt es dort – der Bau soll also kein Denkmal für die Architektur, sondern für die Religion sein. Doch die hervorgehobenen Buchstaben ergeben den Namen ERNST, so daß sich der Sinn der Inschrift in sein Gegenteil verkehrt. Eine lichte Hallenkirche in gotischer Grundform zeigt in allen Details, Kapitellen, Arkaden, Fenstern und Portalen die späte Renaissance. Vorbilder für die dekorative Fülle waren Kupferstiche des Straßburger Malers Wendel Dietterlin (1550/51–1599), die, 1598 veröffentlicht, in den Jahren vor dem Dreißigjährigen Krieg erheblichen Einfluß auf die Kunst ausübten. Zur Ausstattung zählt ein Taufbecken von Adriaen de Vries.

Ein letztes grandioses Werk Ernsts ist sein eigenes Mausoleum, das von 1609 bis 1625 entstand. Wie jeder um seinen Nachruhm besorgte Fürst gab er das Denkmal selbst in Auftrag und behielt sich alle Entscheidungen darüber vor. Doch es handelt sich nicht um eine hohe Grabstelle beziehungsweise ein Epitaph in der bestehenden Martini-Kirche, sondern um einen kompletten Anbau an deren Chor, und zwar in Stadthagen, dem traditionellen Sitz und damit auch der Grablege der Schaumburger. Giovanni Maria Nosseni (1544–1620), eigenwilliger italienisch-stämmiger Architekt in Dresden und verfügungsberechtigt über die dortigen Marmorsteinbrüche, erhielt den Auftrag zur Planung und Lieferung des Baumaterials. Allerdings könnte der Gedanke, ein siebeneckiges Monument zu schaffen, auch auf Ernst selbst zurückgehen, der in langen Briefen mit Nosseni disputierte, bis es schließlich zum Eklat kam und Nosseni die Arbeiten einstellte; Ernst ließ mit lokalen Kräften das Bauwerk vollenden. Bei der Ausstattung kam erneut Adriaen de Vries zum Zuge, der die Gruppe des auferstehenden Christus mit den vier Wächtern am Grab plante und fertigte. De Vries war übrigens nie in Schaumburg. Er arbeitete in Prag und ließ die Werke gut verpackt zu seinem Auftraggeber transportieren. Geschickt sind Bauwerk und Denkmal aufeinander abgestimmt: Der Bau ist etwas breiter als der Kirchenchor und erlaubt durch zwei Fenster die Beleuchtung von Westen. Dieser Lichtstrahl fällt auf Christus und einen der Wächter, der im Moment gerade erwacht und das Wunder der Auferstehung unverständig miterlebt. Das Grab Christi ist mit der Büste des Fürsten Ernst, einem Bronzerelief, versehen, so daß Ernst in die Auferstehungsszene einbezogen ist.

Zu den wenigen hochbedeutenden Kirchenbauten der Renaissance im nördlichen Deutschland zählt die 1608 begonnene Stadtkirche Beatae Mariae Virginis in Wolfenbüttel. Ihr Baumeister war der Wolfenbütteler Baudirektor Paul Francke (1538–1615). Grundriß und Querschnitt (eine Hallenkirche mit drei gleich hohen Schiffen) sind an der Gotik orientiert, doch in den Detailformen zeigt sich die Sprache der späten Renaissance. Die Bauplastik mit ihren rund 800 Quadern, die Fabelwesen, christlich-mythologische Gestalten und Ornamente als Relief zeigen, weist den reichsten Figurenschmuck in dieser Region auf. Besonders der Turm ist zu einer reinen Bauskulptur gesteigert, doch auch die nach dem Dreißigjährigen Krieg vollendeten Giebel über dem Langhaus sparen nicht mit üppigen Ausgestaltungen.

Kirchen der Renaissance bilden im Weserraum auf den ersten Blick die Ausnahme im Bauwesen. Neben den beiden hochbedeutenden in Wolfenbüttel und Bückeburg wird man allenfalls noch Hastenbeck und Petershagen nennen. Doch gebaut wurde an wesentlich mehr Kirchen. Vollständige Neubauten sind die Kirchen in Polle (1592) und Salzhemmendorf (1609/10); ein neuer Chor entstand in Coppenbrügge, er wurde 1575 von Cord Tönnies geschaffen, ein neuer Turm 1564 in Detmold. Zahlreiche kleinere Kirchen wurden erbaut, denken wir nur an die Hämelschenburg. Fast überall wurde die Ausstattung erneuert, investierte man in neue Altäre, Kanzeln, Emporen und Taufsteine, gelegentlich auch Wandmalereien (Hülsede, Sonneborn), so daß die meisten Kirchen ein völlig neues Aussehen erhielten und sich deutlich vom vorreformatorischen Zustand unterschieden. Der bedeutendste Bildhauer dieser Zeit ist an der Unterweser Ludwig Münstermann (um 1570/80–um 1637/38), dem sehr viele prunkvolle Altäre zu verdanken sind. Selbst an einem so bekannten mittelalterlichen Bauwerk wie dem karolingischen Westwerk der Abtei Corvey ging die Renaissance nicht spurlos vorüber. 1596 überputzte man die Deckenbalken und verzierte sie mit Preßstuck, der farblich nicht hervorgehoben ist und daher den meisten Bewunderern der karolingischen Architektur nicht auffällt.

Zum eigenen Andenken ließ Ernst, inzwischen zum Fürsten erhoben, das Mausoleum an die Kirche von Stadthagen anfügen. Der „Erwachende Wächter“ des Bildhauers Adriaen de Vries blickt über das Bild des Fürsten hinweg zum auferstehenden Christus empor.

Zu den bedeutenden Werken von Paul Francke gehört das Novum Juleum, das Universitätsgebäude in Helmstedt, das 1592 bis 1597 im Auftrag des Herzogs Heinrich Julius von Braunschweig-Wolfenbüttel (reg. 1589–1613) errichtet wurde. Seine Schaufront wird durch einen mächtigen Treppenturm und kleinere Giebel beherrscht, die mit Renaissance-Skulpturen ausgestattet sind. In Wolfenbüttel erbaute Francke ab 1613 das Zeughaus gegenüber dem Schloß, das durch die mächtigen Giebel und Zwerchgiebel mit ihrer fleischig wirkenden Ornamentik auffällt.

Das Jahr 1608 markiert auch den Baubeginn zur Erneuerung des Bremer Rathauses. Dieser Umbau betraf den zwischen 1405 und 1408 geschaffenen Kern, einen Backsteinbau mit zwei übereinanderliegenden Hallen. Das Rathaus ist im Grunde heute noch in dieser Form erhalten, auch wenn der Bürgermeister inzwischen sein Amtszimmer im 1903 bis 1913 errichteten seitlichen Anbau hat; er ist ein Werk des Münchner Architekten Gabriel von Seidl (1848–1913). Der Umbau der späten Renaissance (1608–1612) veränderte die Fenster, schuf die Zwerchgiebel und vor allem die beherrschende mittlere Güldenkammer, deren Inneres 1905 Heinrich Vogeler (1872–1942) ausstattete. Die Arkaden an der Marktseite wurden gleichfalls erneuert. Die gesamte Fassade ist mit Figuren und kleinen Reliefs versehen, bei denen die Tugenden, die fünf Sinne, die sieben freien Künste, die vier Elemente Feuer, Luft, Wasser, Erde, die Jahreszeiten und die Planetengottheiten dargestellt sind, aber auch Propheten und Evangelisten, so daß sich die an der Antike orientierte humanistische Lehre mit den christlichen Glaubensvorstellungen mischt. Dieses System, das an der Rathausfassade durchaus nicht bis in jede Einzelheit durchdacht war, sollte das Bildungsniveau der Stadt und ihrer Regenten vor Augen führen. Viele Betrachter werden die Bilder gar nicht verstanden haben und um so mehr von der Weisheit ihrer Herrscher überzeugt gewesen sein. Mehrere kleinere Bauten oder Baumaßnahmen des frühen 17. Jahrhunderts zeigen die allgemeine Bereitschaft, die Architektur aufwendig zu dekorieren. Zu erwähnen sind das um 1609 ausgebaute Schloß Thienhausen sowie das Schloß Thedinghausen südöstlich von Bremen, das der evangelische Bremer Erzbischof Johann Friedrich von Holstein um 1619 für seine Geliebte, Gertrud von Hermeling, errichten ließ. Der Backsteinbau ist durch einzelne dekorative Quader bereichert und hat zum Hof hin drei Risalite, von denen der mittlere als Treppenaufgang dient.

Die Apothekenauslucht am Lemgoer Rathaus aus den Jahren 1611/12 zeigt einen berühmten Fries mit den Porträtbüsten bekannter Ärzte und Naturforscher, wobei man neben tatsächlichen Personen auch mythologische gleichberechtigt und selbstverständlich einordnete. Die Mehrzahl der Reliefs schufen die Hildesheimer Brüder Hans und Jonas Wolff nach druckgraphischen Vorlageblättern, zum Beispiel nach einem Buch zur Alchimie aus dem Jahr 1609.

Ein deutliches Beispiel für den Manierismus ist das Rathaus von Paderborn, das zwischen 1613 und 1620 unter Verwendung eines spätmittelalterlichen Baukörpers erheblich erweitert und vor allem mit einem aufwendigen Giebel und zwei Ausluchten ausgestattet wurde. Aspekte des Manierismus sind die Säulenordnungen im Giebel, bei denen die Stützen nicht, wie üblich, auf einem Gesims stehen, um ihre Last zu tragen, sondern an einem oberen Gesims aufgehängt sind, so daß die Fenster wie Schaukeln aussehen. Dies ist die Umkehrung des klassischen Systems des Lastens und Tragens: Die Säule oder die Säulenvorlage im Giebel trägt nicht, sondern hängt. Doch dies ist keine Unbeholfenheit der Baumeister, kein „Mißverständnis" der Antike, sondern dies ist Ironie in Kenntnis der Antike.

An dieser Stelle ist auch der Fachwerkbau zu erwähnen. Mehrere Fachwerkhäuser des frühen 17. Jahrhunderts zeichnen sich durch ihre umfangreichen Bildprogramme aus, mit denen der Bauherr, zumeist ein Bürger, gelegentlich die Bürgerschaft einer Stadt, ihr Bildungsniveau unter Beweis stellen konnte.

Frühzeitig tauchen im städtischen Fachwerkbau humanistische Bildprogramme auf. Ein Beispiel ist das Haus Brusttuch in Goslar, zwischen 1521 und 1526 für einen Magister Thälling errichtet. Ein unbekannter Bildschnitzer, er hinterließ eines der wenigen Meisterzeichen, die es in Deutschland an einer Fachwerkfassade gibt, aber leider keinen Namen, schuf unter anderem eine geschnitzte Folge der Planetengottheiten, die auf eine Vorlagenserie des süddeutschen Künstlers Hans Burgkmair (1473–1531) zurückgeht. Vergleichbare Bauten finden wir in Braunschweig (Burgplatz 2a, 1526) und bald darauf auch in Göttingen (Barfüßerstr. 5, 1547/49). Während der gesamten zweiten Hälfte des 16. Jahrhunderts wurden Fachwerkbauten mit solchen Bildprogrammen ausgestattet, bei denen man auch gerne auf die einfachere Ornamentik der Renaissance zurückgriff. Bekanntestes Dekorationselement ist die Fächerrosette, von Laien gelegentlich als Sonnenmotiv fehlinterpretiert, die sich aus dem Muschelornament der Renaissance entwickelt hat.

Zahlreiche verzierte Bauten finden sich auch im niedersächsischen Einbeck, das nach zwei verheerenden Bränden 1540 und um 1548 ausgesprochen schnell und einheitlich wiederaufgebaut worden ist; bemerkenswerte figürliche Zyklen sind in Lemgo am Planetenhaus und in Hameln an dem Gebäude in der Osterstraße 8 zu bewundern. Ein beredtes Beispiel ist die zwischen 1609 und 1612 durch Andreas Steiger und dessen Sohn Johann errichtete Lateinschule in Alfeld mit 132 Einzeldarstellungen aus den Bereichen Altes und Neues Testament, Antike, Humanismus: allegorische Figuren wie die fünf Sinne, die sie-

ben freien Künste und Tugenden sowie als Garanten des neuen Glaubens Martin Luther und Philipp Melanchthon. Ganz ähnlich gestaltet ist das Eickesche Haus, ein Bürgerhaus in Einbeck aus den Jahren um 1610.

Die letzten Jahre der Renaissance vor Beginn des Dreißigjährigen Krieges sind durch einige Bauten in und bei Bremen vertreten, nämlich das Essighaus von 1618 und das Krameramtshaus in Bremen, das zwischen 1619 und 1622 gebaut wurde.

Es ist allerdings ein Irrtum anzunehmen, mit Beginn des Dreißigjährigen Krieges sei es zu einem abrupten Ende des Bauwesens gekommen. Es dauerte noch einige Zeit, bis die Kriegszüge den norddeutschen Raum betrafen, und erst in den späteren 30er, vor allem aber in den 40er Jahren des 17. Jahrhunderts lag die Wirtschaftskraft so darnieder, daß kaum mehr an geregeltes Bauen zu denken war. Während des Krieges entstanden noch erstaunlich dekorative und reiche Fachwerkhäuser oder -giebel, und es bleibt Spekulation, ob die Wahl des gegenüber Stein an sich billigeren Fachwerks angesichts des heute noch beeindruckenden Aufwands zur Einsparung beitragen sollte oder insgesamt längst vorherrschende Mode war. Wenn man in Bad Salzuflen die Häuser Lange Str. 7 (1621), 33 (1612), 35 (1618) und besonders den Adelshof Obere Mühlenstr. 1 betrachtet, der im Jahr 1632 einen Umbau mit Aufbau eines geräumigen Speicherstocks erfuhr, wird man kaum das von Bertolt Brecht (1898–1956) und Johann Jakob Christoffel von Grimmelshausen (um 1622–1676), Autor des Romans Simplicius Simplicissimus, zu Recht so eindringlich beschriebene Kriegselend nachvollziehen können. Allein ein Lagergeschoß mitten im Dreißigjährigen Krieg bei einem adligen Gebäude ist schon sehr ungewöhnlich. Etwas außerhalb unserer Region, im nordhessischen (Bad Sooden-) Allendorf, gelang nach einer Kriegsverwüstung 1637 der sofortige Neuaufbau der gesamten Fachwerkstadt mit einigen vergleichbar reichen Gebäuden.

Eine Ausnahmeerscheinung ist auch das Leibnizhaus in Hannover aus den Jahren 1649 bis 1652, an das heute ein Nachbau an einer anderen Stelle in der Innenstadt erinnert. Auch hier gelang es, in der wirtschaftlich schwächsten Periode, unter Verwendung eines spätmittelalterlichen Baukerns, ein besonders aufwendiges steinernes Haus in späten Formen der Renaissance zu errichten. Der Giebel erweckt den Eindruck, als handele es sich um ein fünfgeschossiges Haus, so daß man dem Gebäude den Reichtum des Erbauers schnell ansieht. Ein letztes Mal wird hier die gesamte Palette der Renaissance des Weserraumes vorgeführt.

Das Paderborner Rathaus entstand von 1613 bis 1618 durch den Umbau eines mittelalterlichen Gebäudes. Zwei Ausluchten und ein prachtvoller Giebel zieren die neue Fassade, deren Fenster wie Schaukeln an den Gesimsen zu hängen scheinen.

Schloß Bückeburg geht bis in mittelalterliche Zeit zurück. Ältester Teil ist der dicke Wohnturm aus dem 13. oder 14. Jahrhundert, dessen Helm (1894–1898) man im Hintergrund sieht. Weitere Reste der mittelalterlichen Wasserburg sind nicht mehr erhalten. Rechts des Turmes befindet sich das Renaissanceschloß, das in der Hauptsache um 1560 errichtet wurde. Die Renaissancegiebel zeigen Halbkreisabschlüsse, wie sie für die frühen Bauten der Weserrenaissance (Schloß Neuhaus, Stadthagen, Detmold) charakteristisch waren. Links des Turmes befindet sich ein ähnlich gestalteter Flügel, doch aus einer ganz anderen Zeit. Dort wurde 1894–1898 ein Saalbau angefügt, dessen Vorderseite im Stil des Barock und dessen Gartenseite im Stil der Renaissance gestaltet wurde. Wie ein Chamäleon paßt sich dieser Flügel der Erscheinung der benachbarten alten Bauteile an. Der Park wurde schon im frühen 17. Jahrhundert mit bedeutenden Bronzestatuen ausgestattet, auch die Innenräume sind damals mit reichsten Bauteilen erneuert worden.

Der Höhepunkt Bückeburgs ist der „Goldene Saal", ursprünglich wegen einer anderen Farbgebung als „Weißes Gemach" bezeichnet. Um 1604 bis 1607 statteten es die bedeutendsten Künstler der Zeit aus, die Bildhauer Ebbert und Jonas Wolff aus Hildesheim sowie der Maler Johann Rottenhammer aus Süddeutschland. Sie schufen hier das Meisterstück der Renaissance im Weserraum. Folge der Erneuerung der Wanddekoration im 19. Jahrhundert sind die Tapeten und die goldene Farbe. Die Statuen stellen antike Gottheiten dar, über der Tür den Götterboten Hermes, der die Gesichtszüge des Bauherrn, Ernst III. von Schaumburg-Holstein, trägt.

Die Schloßkapelle in Bückeburg ist zwar als spätmittelalterlicher Kapellenraum einer der ältesten sichtbaren Überreste der alten Burg, doch ihre ungewöhnliche Ausstattung gehört der Renovierung zur Zeit der Renaissance an, sie entstand um 1603 bis 1608. Die Ausmalung des Hildesheimer Malers Johann Hopffe ist an aktuellen Vorlagenbüchern orientiert, wichtig dabei ist ein Buch von Wendel Dietterlin aus Straßburg. Die Altarwand und die übrige Ausstattung schnitzten die Brüder Wolff aus Hildesheim.

103 1-3
108 1+2
4 7

Das in einer Schleife der Weser gelegene Kloster Corvey wird kaum ein Betrachter der Epoche der Renaissance zuschreiben. Tatsächlich ist sein zwischen 873 und 885 erbautes Westwerk, der aus kleinen Steinen gemauerte Teil der Westfassade, das berühmteste karolingische in Mitteleuropa. Die beiden Turmaufsätze und die Glockenstube fügte man im 12. Jahrhundert hinzu. Wer aber durch die eindrucksvolle Halle des Erdgeschosses in die Kapelle im Obergeschoß schreitet, wird dort Stuckdekorationen aus dem Jahre 1596 im Stil der Renaissance finden.

Rathaus und Roland in Bremen entstanden gleichzeitig in der Zeit von 1405 bis 1408. Doch ein durchgreifender Umbau zwischen 1608 und 1612 ließ, sicher nicht ohne niederländischen Einfluß, die berühmteste Fassade der Renaissance im Weserraum entstehen, aus elf Arkaden im unteren Geschoß, lichten hohen Fenstern und einem breiten Hauptgiebel, hinter dem sich im Inneren die Güldenkammer befindet. Die Amtsräume des Bürgermeisters sind heute in einem Anbau im Stil der Neorenaissance aus dem beginnenden 20. Jahrhundert, rechts im Bild. Eine Folge des bedeutenden Fernhandels über die Weser und durch Bremen in die Niederlande ist der Einfluß holländischer Bauformen auf das Bremer Rathaus.

Typische Elemente der Renaissance im Fachwerkbau des Weserraumes sind die geschnitzte Fächerrosette und das gedrehte Tauband an der Schwelle und zwischen den Balkenköpfen. An diesem Lemgoer Fachwerkhaus des Jahres 1576 kann man zwei Varianten der Fächerrosetten erkennen, die sich auf das Muschelmotiv der italienischen Renaissance zurückführen lassen. Das oberste Geschoß des Hauses diente einst nur zum Speichern, seine Öffnungen waren daher lediglich durch Holzklappen verschlossen.

anno 1576

ROS: ECCE TYPVM! QUID ENIM SC
MACHT EVCH HER ZV MIR, IHR VNERFARNEN, VND KOMMET ZV MIR IN DIE SCHVLE, VND WAS EVCH FEILET,
DAS KVNT IHR HIE LERNEN, DENN IHR SEID GEWISLICH SEHR DVRSTIG. SYR: LI· VER: 31
Restaurirt im Jahre 1883.
Briefe

Die Lateinschule in Alfeld ist einer der am reichsten geschnitzten Fachwerkbauten der Renaissance im Weserraum. Neben den Statuen und dem um 1612 entstandenen und 1883 restaurierten Portal des Gebäudes weist es über hundert geschnitzte Reliefplatten in den Brüstungen der Fachwerkgeschosse auf. Die Reliefs verkörpern die Grundsätze der humanistischen Bildung jener Tage.

Für seine Lebensgefährtin ließ der evangelische Bischof von Bremen um 1619/20 das Schloß in Thedinghausen als einen Backsteinbau mit wenigen Zierformen errichten. Einst nur in wenige Innenräume aufgeteilt und durch einen mittleren schlichten Treppenturm erschlossen, ist es einer der eindrucksvollsten herrschaftlichen Ansitze im Bremer Umland. Das Schloß liegt inmitten der niederdeutschen Tiefebene, die mit ihrer flachen Weidelandschaft den Raum südlich Bremens bestimmt.

Zeittafel: die wichtigsten Bauten der Renaissance im Weserraum

Die folgende Zeittafel führt die wichtigsten Baudaten der bedeutendsten Gebäude der Weserrenaissance auf. Ältere Bauteile und jüngere Umbauten werden nicht ausdrücklich erwähnt, sind aber die Regel. Wo in der Zeittafel keine andere Information genannt wird, handelt es sich bei dem Bauwerk um ein Schloß der Weserrenaissance.

um 1524–26	Schloß Neuhaus
ab 1529	Hülsede
1530–32	Schelenburg
1534–38	Stadthagen
ab 1538	Elmarshausen
1540–41	Tatenhausen
1544–47	Petershagen
1545–47	Salzuflen, Rathaus
1548–51	Dringenberg
1550–57	Detmold
1555–60	Wolfenbüttel
1559–64	Uslar
1560–63	Bückeburg
1560–74	Hann. Münden
1562–69	Blomberg
ab 1563	von Amelunxenscher Hof in Höxter
ab 1564	Leitzkau
1568–69	Hameln, Bäckerstr. 16
1568–70	Ulenburg
1568–71	Lemgo, Hexenbürgermeisterhaus
1568–71	Lauenau
1570–76	Schwöbber
1579–84	Hehlen
1582–85	Hess. Oldendorf, Münchhausenhof
1584–86	Alfeld, Rathaus
1584–92	Brake
1584–92	Barntrup
1585	Schlüsselburg
1585	Nienburg, Rathaus, Umbau
1585–89	Hameln, Osterstr. 9
1587	Borlinghausen
1588–1602	Schwöbber, Ausbau
um 1588–1606	Hämelschenburg
1591–1600	Varenholz
1585/95	Minden, Haus Hill und Haus Hagemeier
1592–97	Helmstedt, Novum Juleum
1592–97	Stadthagen, Zeughaus (Rathaus)
1597–98	Rinteln, Rathaus, Umbau
1598–1610	Wolfsburg, Umbau
1599–1600	Gandersheim, Abtei
1599–1602	Holtfeld
1602/03	Hameln, Rattenfängerhaus
1602–12	Bevern
1603–09	Hann. Münden, Rathaus
1604–07	Wewelsburg
1607–08	Hameln, Am Markt 7
1608–12	Bremen, Rathaus
1608–26	Wolfenbüttel, Kirche
1609	Thienhausen
1609–12	Alfeld, Lateinschule
1609–25	Stadthagen, Mausoleum
1609–10	Salzhemmendorf, Kirche
1610	Nieheim, Rathaus
1610–14	Höxter, Rathaus
1610–15	Bückeburg, Stadtkirche
1610–17	Hameln, Hochzeitshaus
1612	Lemgo, Rathaus, Apothekenauslucht
1613–20	Paderborn, Rathaus
1613–16	Wendlinghausen
1613–16	Haddenhausen
1615–20	Petershagen, Pfarrkirche
1617	Drakenburg, Schloßtor
1618	Bremen, Essighaus
1619	Thedinghausen
1619–22	Bremen, Krameramtshaus
1632	Salzuflen, Obere Mühlenstr. 1, Umbau
1649–52	Hannover, Leibnizhaus

Bad Pyrmont (31812)
Schloß mit Museum
Schloßstraße 13
Di.–So. 10–17 Uhr
Tel. (05281) 949-248
www.museum-pyrmont.de

Bevern (37639)
Kulturzentrum Weserrenaissance
Tel. (05531) 994-010
www.schloss-bevern.de

Bückeburg (31675)
Schloß
tägl. 9.30–18 Uhr
Okt. bis März bis 17 Uhr
Tel. (05722) 50 39
www.schloss-bueckeburg.de

Detmold (32756)
Schloß
Schloßplatz 1
tägl. von 10–16 Uhr
April bis Okt. bis 17 Uhr
Tel. (05231) 7002-0
www.schloss-detmold.de

Dringenberg (33014 Bad Driburg)
Schloß
Mi. und Sa. 14–17 Uhr
So. 10–12 Uhr und 14–17.30 Uhr

Fürstenberg (37699)
Werksmuseum der Porzellanmanufaktur Fürstenberg im Schloß
April bis Okt. Di.–So. 10–17 Uhr
Nov. bis März Sa. und So. 10–17 Uhr
Tel. (05271) 401-161
www.fuerstenberg-porzellan.com

Hameln (31785)
Museum
Osterstraße 8–9
Di.–So. 10–16.30 Uhr
Tel. (05151) 202-1215
www.hameln.de

Hämelschenburg (31860 Emmerthal)
Tel. (05155) 951 690
www.schloss-haemelschenburg.de

Hann. Münden (34346)
Städtisches Museum, Schloß
Schloßplatz 5
Tel. (05541) 75-202

Lemgo (32657)
Hexenbürgermeisterhaus
Breite Straße 19
Di.–So. 10–17 Uhr
Tel. (05261) 213-276
www.lemgo.de

Lemgo (32657)
Weserrenaissance-Museum
Schloß Brake
Di.–So. 10–18 Uhr
Tel. (05261) 9450-0
www.wrm.lemgo.de

Minden (32423)
Mindener Museum
Ritterstr. 23–33
Di.–So. 11–17 Uhr
Tel. (0571) 97240-0
www.museen-minden.de

Paderborn (33104)
Schloß Neuhaus
Marstallstraße 9
Di.–So. 10–18 Uhr
Tel. (05251) 881043
www.schloss-neuhaus.de

Paderborn (33098)
Museum für Stadtgeschichte
Hathumarstraße 7–9
Di.–So. 10–18 Uhr
Tel. (05251) 88-23 50 1

Diözesanmuseum Paderborn
Markt 17 (am Dom)
Di.–So. 10–18 Uhr
Tel. (05251) 125-1400, -1403
www.erzbistum-paderborn.de/museum/

Wewelsburg
(33142 Büren-Wewelsburg)
Kreismuseum
Burgwall 19
Di.–Fr. 10–17 Uhr
Sa., So. 10–18 Uhr
Tel. (02955) 7622-0
www.wewelsburg.de

Wolfenbüttel (38304)
Museum im Schloß
Di.–So. 10–17 Uhr
Tel. (05331) 92460
www.schloss-wolfenbuettel.de

(Stand: Mai 2008)

G. Ulrich Großmann, geb. 1953, Studium der Kunstgeschichte, Volkskunde, frühchristlichen Archäologie bis 1979; 1980–1986 Bauhistoriker am Westfälischen Freilichtmuseum Detmold – Landesmuseum für Volkskunde; 1986–1994 (Gründungs-)Direktor des Weserrenaissance-Museum Schloß Brake und des angegliederten Forschungsinstituts; 1988–2006 erster Vorsitzender des internationalen Arbeitskreises für Hausforschung, seit 1992 der Wartburg-Gesellschaft zur Erforschung von Burgen und Schlössern und seit 1. August 1994 Generaldirektor des Germanischen Nationalmuseums Nürnberg; seit 2006 2. Vorsitzender des Trägervereins Deutsches Burgenmuseum; Herausgeber mehrerer wissenschaftlicher Schriftenreihen, besonders zur Burgenforschung sowie der „Dürer-Forschungen"; Autor zahlreicher Publikationen in den Bereichen Architektur/Bauforschung, Haus- und Mühlenbau, regionale Kunstgeschichte (besonders des Weserraums und Hessens), Druckgraphik und Buchkunst der Moderne; er verfaßte mehrere Reiseführer.

Toma Babovic, geb. 1953 in Verden/Aller, studierte Architektur und Grafik-Design an der Akademie für Künste in Bremen. Seit 1989 freischaffender Fotodesigner in der Hansestadt. Er arbeitet u.a. für stern, GEO und Merian. Im Ellert & Richter Verlag erschienen unter anderem seine Bildreisen „Potsdam", „Schaumburger Land", „Schönes Berlin", „Auf den Spuren von Erich Kästner", „Auf Paula Modersohn-Beckers Spuren" und „Auf Martin Luthers Spuren".

Titelabbildung: die Hämelschenburg in Emmerthal nicht weit von Bad Pyrmont

Bildnachweis:
Abbildungen im Textteil:
Sammlung Weserrenaissance-Museum Schloß Brake, Lemgo-Brake
Farbfotos: Toma Babovic, Bremen, außer S. 36/37: Schlosshotel Münchhausen, Aerzen/Hameln und S. 72/73: Landkreis Holzminden, Kulturzentrum Weserrenaissance Schloss Bevern

Literatur:
Otto Gaul: Schloß Brake und der Baumeister Hermann Wulff, Lemgo 1967
G. Ulrich Großmann: Renaissance entlang der Weser, Köln 1989
G. Ulrich Großmann (Hrsg.): Schriften des Weserrenaissance-Museums Schloß Brake. München/Berlin seit 1989 (bisher 10 Bände), Band 1 und 2: Ausstellungskatalog „Renaissance im Weserraum"
Wilhelm Hansen und Herbert Kreft: Fachwerk im Weserraum, Hameln 1980
Herbert Kreft und Jürgen Soenke: Die Weserrenaissance. Mit einer Einführung von Albert Neukirch, Hameln 1964 (6. Auflage Hameln 1986)
Petra Krutisch und G. Ulrich Großmann (Hrsg.): Materialien zur Kunst- und Kulturgeschichte in Nord- und Westdeutschland. (Schriftenreihe des Instituts für Architektur-, Kunst- und Kulturgeschichte in Nord- und Westdeutschland und Weserrenaissance-Museum Schloß Brake). Marburg seit 1990 (bisher 31 Bände)
Bernhard Niemeyer, Karl Steinacker und Albert Neukirch: Renaissanceschlösser Niedersachsens. 3 Bände. Hannover 1914 bis 1939
Jürgen Soenke: Jörg Unkair, Baumeister, Bildhauer der frühen Weserrenaissance, Minden 1958
Max Sonnen: Die Weserrenaissance, Münster 1918/1923
(Die genannten Bücher enthalten ausführliche Publikationshinweise.)

Bibliographische Information der Deutschen Bibliothek
Die Deutsche Bibliothek verzeichnet diese Publikation in der Deutschen Nationalbibliographie; detaillierte bibliographische Daten sind im Internet über http://dnb.ddb.de abrufbar.

ISBN 978-3-89234-520-6

3., aktualisierte Auflage 2008

Text und Bildlegenden: G. Ulrich Großmann, Nürnberg
Gestaltung: Büro Hartmut Brückner, Bremen
Lektorat: Iris Klein, Hamburg
Lithographie: Offset-Repro im Centrum, Hamburg
Satz: KCS GmbH, Buchholz/Hamburg
Druck: Druckerei Girzig + Gottschalk, Bremen
Bindung: S. R. Büge, Celle